KB269145

고조선의 화폐와 명도전의 비밀

송강호

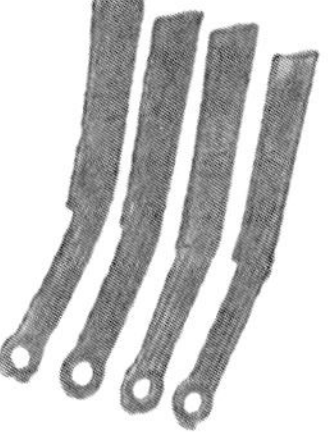

지식과교양

고조선의 화폐와
명도전의 비밀을 연재하면서

몇 해 전 내 죽음을 알리지 말라는 유언을 남기고 작고하신 분이 있었습니다. 바로 최태영 박사입니다. 원로법학자이며 한국고대사학자로 알려져 있는데, 이분에 대해 새롭게 관심을 갖게 된 것은 국가고시에 국사라는 과목을 처음 포함시킨 인물로 알려진 때문입니다. 그런데 더욱 놀라운 것은 바로 이분이 고조선과 이병도 박사에 대해 인상적인 말씀을 남기고 있다는 사실이었습니다. 고조선에 대한 그분의 말씀을 먼저 들어보는 것이 좋겠습니다.

"내가 젊었을 때만 해도 한국 땅에서 단군을 부정하는 사람은 거의 없었습니다. 실증사학을 내세워 단군을 가상인물로 보기 시작한 것은 이승만 정권 때부터이지요. 그리고 이미 세상을 떠난 친구이지만 이병도 박사의 잘못이 크다고 생각합니다. 이 박사는 말년에 건강이 나빴는데, 어느 날 병실에 찾아갔더니 죽기 전에 옳은 소리를 하겠다며 단군을 실존인물로 인정했어요. 그 사실을 후학들이 모르고 이 박사의 기존학설에만 매달려온 것입니다. 그리고 한민족이면 누구나 어린 아이 때부터 배웠던 '동몽선습'이나 '세종실록' 등 각 고전에도 단군기록이 나옵니다. 수백 년 전 기록을 어떻게 믿겠느냐고 할지도 모르지만, 역사기록이란 그렇게 만만한 것이 아닙니다. 판소리할 때도 그 긴 내용을 한 자도 바꾸지 않고 노래하지 않습니까. 그러니 역사기록은 더욱 정확할 수밖에 없는 것이지요.”(서울대 법대 초대학장을 역임한 상고사연구가 최태영 박사, 『문화일보』 특별대담에서, 2000년 1월 3일)

　고조선은 그 실체가 분명이 있었다는 것을 언급한 것입니다. 중국 전국시대 연나라의 화폐로 알려진 명도전도 고조선 강역에서 많이 출토되었는데 그동안 이것에 대한 연구가 드물었다는 것도 우리의 주목을 요하는 일입니다. 근래에 원절식 명도전이 기자조선의 화폐였다는 논문을 접하면서 새로운 세계가 열리는 것을 느꼈습니다. 본고에서는 고조선의 화폐와 명도전의 비밀이라는 주제로 이야기를 풀어나가고자 했습니다.

　본 연재를 하는데 소중한 계기가 되었던 『고조선 사라진 역사』의 저자 교육부 성삼제 선생님, 다수의 명도전 관련 논문을 발표한 서울시립대 국사학과 박선미 선생님, 옛날 화폐에 대해 도움 말씀을 주신 故 한영달 선생님 그리고 중국을 다녀오며 명도전과 포전 등을 구해다주신 보배님께도 감사의 인사를 드립니다.

　한 가지 양해를 구하고 싶은 것은 연재하고 상당한 시간이 흘렀지만 연재 당시의 미흡한 점을 충분히 보완하지 못한 점입니다. 이점 연재한 시기를 감안해서 읽어주셨으면 합니다. 앞으로 이 분야에 대한 국내의 연구와 관심이 활성화되었으면 하는 마음에서 부족한 글이나마 나누고자 합니다. 독자 제현의 아낌없는 질정을 바랍니다.

2012년 7월

목 차

명도전은 북경대학 마형의 연하도 발굴과 일본 고고학자들에 의해서 중국 요녕성과 서북한 일대까지 세력을 뻗친 국가의 화폐로 지금까지 알려져 왔다. 그러나 고조선의 강역이 지금의 하북성 일대 및 요녕성 그리고 동북 3성에 이르는 광대한 지역에 이르렀었다는 이론의 발전이 있는 지금에도 우리는 명도전이 춘추전국시대의 고조선과 지리적으로 가까웠던 중국 연나라의 화폐였다고 알고 있다.

그런데 『고조선 사라진 역사』의 저자 성삼제 선생은 중국 학자 장박천(張博泉)의 논문을 인용, '명도전이 고조선 화폐가 아니었을까'라는 주장을 한다. 이러한 주장은 해방 후 국사와 세계사 교과서 등에서 명도전은 중국 전국시대 연나라의 화폐라고 귀에 못이 박히도록 들어온 세대들에게 자못 새로운 사실이 아닐 수 없다.

이 책에서는 '고조선의 화폐와 명도전의 비밀'이라는 주제로 중국의 역사학자 장박천(張博泉)의 명도전 관련 논문을 해설 연재하며 명도전에 대한 탐색을 시도하고자 한다.

고조선의 화폐와
명도전의 비밀

개 요

어제 서울 시내 양재역 부근의 한 은행에 들렀을 때의 일입니다. 대기하는 동안에 잠시 의자에 앉아서 열람용으로 비치되어 있던 잡지를 한 권 꺼내 들었습니다. 『교육마당21』로 기억하는데 내용 중에 명도전 (明刀錢)에 대한 기사가 보이더군요. 명도전이 바로 고조선의 화폐였다는 주장입니다.

그때 내용을 대강 보고는 바로 은행 문을 나서는 바람에 메모를 해두지 않아서 필자와 연재 관련 서지사항을 세부적으로 기억하지 못하지만 여하간 명도전에 관한 글이 분명했습니다. 나중에 이 부분을 확인해보니 교육부 공무원인 성삼제 선생의 글로 드러났습니다. 연재호는 2006년 8월호 『교육마당21』입니다.

해방 후 세대인 저는 국사와 세계사 교과서 등에서 명도전은 중국 전국시대 연나라의 화폐라고 귀에 못이 박히도록 들어왔기 때문에 명도전이 고조선의 화폐라는 주장에 눈이 번쩍 떠졌습니다. 『고조선 사라진 역사』(동아일보사)의 저자 성삼제 선생의 글을 찾아서 확인해보니 중국 학자 장박천(張博泉)의 논문을 인용, '명도전이 고조선 화폐가 아니었을까'라는 주장을 한 것입니다. 그렇다면 우리가 그동안 배워온 명도전에 대한 상식은 무엇일까요?

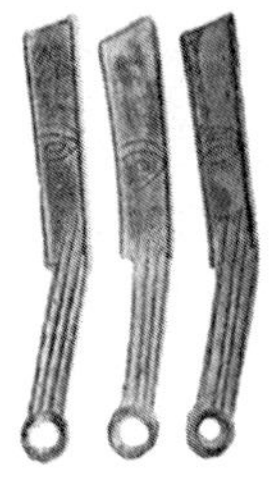

용연동 유적 출토 명도전
국립중앙박물관

"중국 전국시대(戰國時代)에 사용되던 화폐. 언도(匽刀)·이도(易刀)라고도 한다. 첨수도(尖首刀)에서 전화된 것이며, 표면에 '명(明)'자 비슷한 표지가 주출(鑄出)되어 있기 때문에 붙여진 이름으로, 자루에는 3줄의 직선무늬가 있고 끝에는 고리 모양으로 되어 있다. 연(燕)·제(齊)·조(趙)에서 사용되었고, 한국에서는 청천강(淸川江) 이북의 위원군(渭原郡) 용연동(龍淵洞) 퇴장유적(退藏遺蹟)과 평양 정백동(貞栢洞) 덧널무덤에서 출토되었다."(두산세계대백과)

그런가 하면 다음과 같은 설명도 보입니다.

"청동 도자(刀子)를 본떠서 만든 도자형 동제화폐로 중국 허베이

성[河北省]과 한국에서 많이 출토되고 있다. 전국시대 초기 도전(刀錢)인 첨수도(尖首刀)에서 전화된 것으로 연(燕)나라 때 주조된 화폐이며, 표면에 명(明)자 또는 역(易)자 비슷하게 표시되어 있어 명도전이라 불린다. 뒷면에는 숫자·간지(干支)·좌(左)·우(右)·행(行)·제화(齊化) 등의 문자가 있는데, 그 종류는 다양하다. 길이 12.4~13.5㎝, 너비 1.5~1.9㎝, 무게 12~19g 정도이며 손잡이 끝에는 3줄의 직선문양이 길이로 나 있다. 우리나라에서는 시중 노남리 집자리유적, 평양 정백동 무덤유적에서 적은 양이 출토되었고 영변 세죽리, 위원 용연동, 강계 길다동 유적 등에서 수백·수천 매씩 묶어 항아리 속에 넣어 둔 것이 출토되었다. 특히 우리나라의 유적이 대체로 청천강 이북지역에 분포하고 있는 점으로 보아 연나라 세력의 동방 진출과 관계가 있음을 시사한다. 명도전은 돗자리 무늬 항아리 및 철제품과 함께 발견되고 있어 유적 연대 추정에 좋은 자료가 된다."(다음백과)

'연나라 세력의 동방 진출과 관계가 있음을 시사한다'는 말처럼 기존의 명도전에 대한 설명은 중국 연나라의 화폐임을 강조하고 있습니다. 일제식민사학의 영향도 그렇지만 오늘날도 여전히 이 학설은 큰 도전을 받고 있지 않는 편입니다. 또 명도전에 대한 사전류의 일반적인 견해는 이렇게도 나옵니다.

"고대 중국의 청동 화폐의 하나. 표면에다 명(明)자를 새겼는데 그 뜻은 자세히 알 수 없으며 뒷면에도 여러 가지 글자를 새겨 수백 종에 달하는데 특히 우(右)자, 좌(左)자, 행(行)자가 가장 많이 나타나고 있다."(이홍식 편저, 『새국사사전』)

이처럼 하나같이 명도전에 대한 일반적인 상식은 명도전이 곧 중국의 화폐라는 것입니다. 그런데 제가 이것에 관심을 갖게 된 것은 중국소설 『삼국지』를 보다가 생긴 것입니다. 『삼국지』를 읽다보면 우리나라 고대사의 강역에 관심이 가고 그러다보면 진수의 정사 『삼국지』의 동이전 항목을 유심히 보게 됩니다.

그 과정에서 고조선의 강역에 대한 궁금증이 생겨난 것입니다. 중국고대사와 한국고대사의 접경 지대가 어디인지, 고조선의 강역은 어떻게 되는지 등에 대해 관심을 지니게 되는데 명도전에 대한 것도 마찬가지가 아닌가 싶습니다.

단국대 윤내현 교수도 이와 비슷한 말을 한 적이 있습니다. 중국고대사를 연구하다 보니 한국고대사의 진실을 추적하게 되었고 그 결과 고조선의 강역을 새롭게 그려보게 되었다고 말입니다.

『교육마당21』의 명도전 기사 때문에 관련 블로그 자료를 찾아보니 다음 블로그 「세상 속에 가려진 또 다른 세상」에 명도전 관련 글이 나오더군요. 그래서 그 출처를 찾아보니 송준희 운영의 「우리 역사의 비밀」이었습니다. 내용이 다소 길지만 전체를 파악하기 위해서 명도전 관련 기사를 인용해 보겠습니다.

명도전은 고조선에서 통용된 연나라 화폐인가?

명도전은 1920년대 일본 고고학자들에 의해서 요녕성 부근에서 발굴되어 시대적 상황과 그들의 사관(史觀)에 의해 요녕성 일부 및 이북 평양(?)까지 세력을 뻗친 국가의 화폐로 지금까지 인지되어 왔다. 고조선의 강역에 대한 정의(Definition)가 불분명한 시기를 거쳐 고조선의 강역이 지금 하북성 및 요녕성 그리고 동북3성에 이르는 광대한 지역에 이르렀었다는 이론의 발전이 있는 지금에도 우리는 명도전이 춘추전국시대의 고조선과 지리적으로 가까웠던 연나라와 제나라의 화폐였다고 알고 있었다.

1. 첫째, 고조선의 영역은 어디인가?

일제 식민사학자 주장 이래로 고조선의 영역은 이북 평양 및 요동반도를 넘지 않았다는 주장이다. 따라서 그 서북쪽에 위치하였던 연(燕) 나라의 명도전이 고조선의 경제적 물물대체 수단으로 사용되었다는 주장이다. 하지만 꾸준히 제기되어 오고 확인된 바로 고조선 강역은 평양 이북으로부터 동북3성 그리고 하북성에 이르는 광활한 지역을 통치하였다는 것이 정설이다. 그렇다면 연의 영역이 요동까지가 아닐진대 그곳에서 연나라의 화폐인 명도전이 대량으로 발굴되리란 쉽지 않은 사실이며 거짓 가설이다. 즉 연나라는 연(燕) 장성(長城, 현 하북성 서부)까지 넘어오지 못했으므로 연나라가 주체가 되어 명도전을 통용하지 않았다는 것이다.

2. 둘째, 시공을 통하여 경제적으로 타당한 이론인가?

경제의 법칙은 고대나 지금이나 규모와 방식만 달라졌을뿐 물건을 사고파는 데 대체수단으로 화폐를 사용한다는 것이다. 만약 고조선에서 연나라의 화폐인 명도전이 사용되었다면 고조선의 경제는 연나라의 경제에 예속되었어야 하고 연나라는 명도전을 찍어내는 일만으로 고조선의 모든 재화를 구매하고 통용시킬 수 있었다는 말이 되는 것이다. 현재의 만원짜리 화폐의 제작비용이 천원이라고 한다면 천원으

로 만원가치의 물건을 대량으로 구매할 수 있다? 연나라와 고조선이
특수 관계가 아닌 이상 불가능한 일이다. 그러나 연나라와 고조선은
자주 전쟁을 치른 나라이고 연나라가 고조선을 지배한 적이 없다.

3. 셋째, 청동주조술이 고조선이 주변국에 비해 떨어지는가?

고조선은 대륙에서 제일 오래된 신석기 문화를 기본으로 하는 「홍
산문화」의 후예로 추정이 되며 현재의 고고학적 발굴성과로 보면 청
동기시대의 국가생성설을 뛰어 넘는 나라로 판명되고 있다. 무릇 고
조선의 청동기는 기원전 2500년 이상으로 거슬러 올라가는데 한국사
학계는 과거부터 한국 청동기의 연대는 기원전 7세기를 넘을 수 없다
고 단정하여 왔다. 하지만 최근 북한의 평양지역에서 발견되는 청동기
는 기원전 4,000년까지 올라간다고 보고 되었다. 다뉴세문경의 경우
뿐만 아니라 발견되는 세문경의 무늬는 지금 사람도 상상할 수 없을
정도로 정교한 주조 기술이 동원되었다. 예를 든다면 청동거울의 뒷
면에 폭 0.3mm의 선이 일만 개 이상이 새겨진 주물 거울도 있다. 이러
한 기술을 가진 고조선 사회가 명도전이라는 화폐주조 기술이 없었
다면 하는 가정은 의미가 없어진다.

4. 넷째, 한사군이 고조선지역에 설치되었다면 한나라 화폐인 반량
   전이 왜 안 나오는가?

위치적으로나 문화적으로 한나라의 도량형과 화폐구조는 진나라
의 진시황이 도량형을 통일한 이후로 그 체제를 답습하였다고 보는
것이다. 하지만 한나라가 고조선을 굴복시키고 고조선 지역에 한사군
을 수 백 년간 두었다면 왜 평양 일대와 그들이 주장하는 요동성과
동북부에 한나라의 화폐가 보이지 않을까?

5. 다섯째, 명도전의 출토량은 생각보다 어마어마하다. 그러나 연의 존속 기간은 기원전 323-기원전 220으로 기껏 100년이나 될까?

연의 존속 기간 동안에 통용되었다고 할 수 없을 무수한 명도전이 동북3성과 요동, 하북에서 가마니로 발굴되어 굴러다닌다. 2,000여 년 전 화폐가 기념품 가게에서 1990년대 초반까지 한화로 1,000원 정도에 팔렸다. 연나라가 경제대국이 아닌 한 당시 기준 2,000여 년 전부터 내려왔던 고조선의 화폐경제를 100년 동안에 바꾸기란 불가능하다는 것이다.

6. 여섯째, 명도전의 발굴범위는 어디까지인가?

명도전의 발굴범위는 고조선의 영역과 정확히 일치한다. 평안남도 이북에서 시라무렌강, 요하, 천진, 산동 북부까지이다. 이는 러시아학자 부쩐이 주장하는 고조선의 강역과 신기하게도 정확하게 일치한다. 강하구보다는 내륙지방에서 더 많이 발굴 출토된다고 한다. 그러던 와중에 지나고고학자가 명도전의 연구에 직격탄을 날리는데 중국 張博泉(장보추안) 교수가 2004년 후반 『북방문물』이라는 학술지에서 그의 논문【明刀幣硏究續說】에서 위의 그림과 같은 명도전 「원절식」은 고조선의 화폐라고 발표하였다. 결론은 명도전은 고조선에서 고조선 경제를 위해 만들어 사용한 고조선 화폐라는 것이다.(출전: www.coo2.net 송준희 글)

한 마디로 고리가 둥근 형태의 명도전은 중국 연나라 것이 아닌 고조선의 화폐라는 것이지요. 중국의 역사학자는 되도록이면 자국의 것으로 포함시키려는 유혹이 따르게 마련인데 고조선의 것이라고 했으니 기존의 명도전이 중국 연나라의 화폐라는 학설은 학계에서 검토하면 좋을 것 같습니다.

　참고로 위 셋째 항목에서 한국의 청동기 연대와 관련하여 기원전 7세기론 운운한 부분은 수정되어야 할 것입니다. 현행 국사 교과서에서 이미 한반도에서는 기원전 10세기경, 만주에서는 이보다 앞서 청동기 시대가 시작되었다고 하였기 때문입니다. 명도전과 관련해서 인터넷 자료를 추가로 확인해보니 역사평론가 이덕일 선생도 『조선일보』에서 유사한 글을 소개한 적이 있더군요.

　　"현행 국사교과서에 '중국 춘추시대에 연나라와 제나라에서 사용한 청동 화폐'라고 설명하고 있는 명도전(明刀錢)은 표면에 명(明)자 비슷한 글씨가 있어서 붙여진 이름이다. 칼 모양의 이 화폐는 네이멍구 츠펑(赤峯)에서부터 대룽하 상류의 랴오양(遼陽)은 물론 평북 영변군 세죽리(細竹里), 평북 위원군(渭原郡) 용연동(龍淵洞) 등 한반도 북부에서도 수백·수천 점씩 대규모로 출토된다. 만주와 한반도의 명도전은 연나라 세력이 고조선을 공략한 증거로 해석되어 왔다. 그러나 랴오양과 츠펑도 기원전 3세기까지는 고조선 영토라고 보는 러시아의 고조선 연구가 유엠 부찐의 견해에 따르면 의문이 생긴다. 이 시기 고조선은 연나라와 수차례 전쟁을 치르는데, 명도전이 연나라 화폐라면 고조선은 적국의 화폐를 사용했다는 이야기가 되기 때문이다. 최근 출간된 '고조선, 사라진 역사'는 이런 모순 해결에 실마리를 제공한다. 저자 성삼제씨는 지린(吉林)대학 역사학과 교수였던 장보취안(張博泉)의 '명도폐연구속설(明刀幣研究續說)'을 인용해 명도전이 고조선 화폐임을 밝혀냈다. 명도전 손잡이 끝의 구멍이 사각형인 방절식(方切式)은 연나라 화폐지만 원형인 원절식(圓折式)은 고조선 화폐라는 것

이다. 만주와 한반도에서 출토된 많은 명도전이 원절식인 이유가 자연
스레 이해된다."

그러니까 명도전 가운데 구멍의 형태가 사각형인 것을 방절식이라
하고 구멍이 둥근 것을 원절식이라고 하는데, 바로 이 원절식의 명도전
이 고조선의 화폐라는 것입니다. 방절식(方折式), 즉 구멍이 모나게 꺾
어진 스타일을 말하는 것으로 고리 내부가 네모난 형태의 화폐로 보
면 되겠습니다. 그렇다면『고조선 사라진 역사』의 저자인 성삼제 선생
은 명도전에 대해 어떤 이야기를 하고 있는 것인가요?

　　"'명도전은 고대 연나라의 화폐다.' 이 명제는 참일까, 거짓일까….
명도전이 고조선의 청동 화폐일지도 모른다고 생각한 것은 2003년 2
월 송호정 교수가 쓴『한국 고대사 속의 고조선사』에서 '명도전 출토
유적의 위치' 그림을 보고나서이다.
　　명도전의 위치를 표시한 지도는 서울시립대학교 인문과학연구소
박선미 연구원이 2000년에 발표한 석사학위 논문 '기원전 3~2세기 고
조선의 문화와 명도전 유적'에도 나온다. 박 연구원의 논문에서 지도
를 보는 순간 필자는 숨이 막히는 듯했다. 명도전 유적 분포와 러시
아 학자 부쩐이 그린 '고조선의 영역'이 거의 일치했기 때문이다.
　　중국 흑룡강성에서 발행하는 고고학계 학술지『북방문물(北方文
物)』2004년 제4기 논문집에 장박천(張博泉) 교수가 쓴 '명도폐연구속
설(明刀幣研究續說)'이 실려 있었다. 장 교수는 길림대학 역사학과 교
수를 역임했고, 초기 만주사 연구의 기초를 닦은 것으로 유명하다."
(성삼제,「명도전은 고조선 화폐가 아닐까」,『고조선 사라진 역사』, 동
아일보사, 137~157쪽)

도대체 중국의 장박천 교수는 명도전에 대해 뭐라고 발표를 한 것일까요? 계속해서 성삼제 선생의 저서에 나온 내용을 살펴보겠습니다.

"기원전 7세기부터 기원전 3세기 무렵까지 만주 지역에는 3종의 화폐가 있었다. 즉 첨수도, 원절식도폐, 방절식도폐가 그것이다. 첨수도는 끝이 뾰족한 것이고 원절식은 화폐를 묶기 위해 구멍을 원으로 낸 것, 방절식은 구멍이 사각형으로 된 것을 말한다. 이들 화폐 가운데는 첨수도는 고죽 또는 기자고 관련족이고 원절식은 (고)조선의 화폐이며 방절식은 연나라 화폐이다."(성삼제, 앞의 책, 156쪽)

그런데 원절식 명도전이 고조선 화폐라는 주장이 보다 설득력을 얻으려면 한국 고대사 청동기 연대와 명도전의 제조 및 구성 성분에 대한 연구 그리고 고조선 강역에 대한 면밀한 검토 등 과제가 많습니다. 한국 고대 화폐사의 심층 연구도 동반된 연구가 필요한 대목입니다.

한국 청동기의 연대가 계속해서 올라가고는 있지만 여전히 난관이 많지요. 한 가지 흥미로운 것은 흔히 고조선 연구에 매달리는 이들의 대부분이 재야사학자로 불리는데, 이 책의 저자 성삼제 선생 역시 "교육인적자원부 지방교육 재정담당관. 연세대 교육학과 졸업, 영국 쉐필드대(Univ. of Sheffield)에서 「잉글랜드와 웨일즈의 학교운영위원회에 관한 연구」(A Study of School Governing Body of England and Wales)로 교육학 석사학위(MEd) 취득. 제35회 행정고시 합격후 서울시 교육청, 서울대학교, 교육인적자원부에서 근무. 2001년 일본 역사 교과서 왜곡 사건이 발생했을 때 일본 역사교과서 왜곡 대책반 실무반장을 담당"이라고 한 것을 보면 역사학 전공자는 아닙니다.

그러나 재야로 분류되는 이들의 다양한 문제 제기를 우리 사학계가 긍정적으로 검토 활용할 여지는 있다고 보입니다. 물론 그 과정에서 엄밀한 검증이 뒷받침되어야 하지요. 제가 보는 견해로는 기원전 3세기를 전후하여 고조선 강역을 둘러싼 주변국의 정세가 관건이라고 생각합니다만 이 부분에 대한 연구도 보다 진전이 있어야 결과가 도출될 것 같습니다.

한 가지 흥미로운 사실은 비파형 동검의 출토 유적지와 명도전 출토 유적지의 지도상 표시 부분에 특이한 점이 발견되는데, 그 중에 가장 인상적인 것 승덕, 적봉, 조양의 트라이앵글 동부쪽의 출토 유적이 상당히 비중있게 밀집된 형태로 나타난다는 사실입니다.

특히 적봉은 명도전의 출토가 많은 곳으로 그 밀집도가 대단히 높으며 조양 일대 역시 밀집도가 높습니다. 이들 지역의 비파형 동검과 명도전 사용의 주체가 누구인지 그 검토가 절실히 요청된다 하겠습니다.

적봉은 하가점하층문화의 중심지로 청동기 연대가 기원전 24세기에서 기원전 15세기로 보고되고 있습니다. 그런데 이 지역에는 기원전 14세기에서 기원전 7세기의 유적으로 보이는 하가점상층문화가 새로이 나타났으므로 주의가 요망됩니다.

다만 지금까지의 연구에 의하면 하층과 상층문화 양자의 직접적인 계승 관계가 보이지 않으므로 이주해온 다른 문화로 보여지며 따라서 새로운 거주층이 나타난 것으로 보아야 할 것 같습니다.

그런데 여기서 중요한 것은 하가점문화와 연계되는 문화로 위영자 문화가 발굴 보고된 것입니다. 복기대, 송호정 교수 등에 의하면 하가 점하층과 위영자문화의 계승 맥락을 찾아 볼 수 있다고 하였습니다. 하가점하층문화의 주체는 적봉과 북을 오고간 다른 부족 예를 들어 산융 등일 수도 있지만 우리로서는 동으로 이동한 고조선의 일족일 가능성이 높다고 할 경우, 고조선의 기원전 2333년 건국설과 청동기 연대의 기원전 23세기설의 상관성을 주목할 필요가 있습니다.

저는 개인적으로 적봉도 그렇지만 지금의 요녕성 요동반도 남단인 대련, 여순 등지를 주목하고 싶습니다. 이곳은 발해연안의 요충지로 이 일대의 선박 항해가 빈번했을 것으로 보이며 인구밀도가 높았을 것 으로 보고 있습니다. 실제로 이 지역에서 명도전이 대량으로 출토된 것은 가볍게 보아 넘기기 어려운 대목인데 왜냐하면 건너편에 위치한 나라가 바로 강성한 제나라였기 때문입니다.

이 방면으로는 고대 해양사 연구에 천착하고 있는 윤명철 교수의 연 구를 접합시키면 장기적으로 좋은 결과가 예상된다고 할 수 있는데, 저는 요동반도 남단과 산동반도를 연결하는 해상 루트를 복원하는 과 정에서 새로운 발견이 이루어질 것으로 봅니다. 요동과 산동을 연결하 는 마오[廟] 군도에 대한 탐색은 앞으로 고고학상의 새로운 발견으로 역사의 비밀을 해결할 것으로 기대하고 있습니다. 오늘날 우리가 생각 하는 이상으로 고대의 발해만은 지중해 이상가는 최고의 항해 루트였 기 때문입니다.

해상 루트에 관해 나온 이 방면의 좋은 논문으로는 고구려연구재단에서 나온 박준형의 「고조선의 해상교역로와 래이(萊夷)」가 있습니다. 이 논문 「그림1」에는 고조선과 제의 교역로가 나오는데, 제가 말씀드린 마오[廟] 군도가 선명하게 그려져 있습니다. 이 교역로는 요동반도의 여순에서 마오 군도인 황성도, 묘도, 타기도, 장산도를 거쳐 산동반도의 봉래(등주)에 연결되는 루트입니다. 박준형에 의하면 이 루트가 바로 고조선이 제나라와 교역을 행한 해상 루트라는 것입니다.

이렇게 본다면 요동반도 여순 지역에서는 이전부터 중국과 교역이 있었으며 나중에 명도전이 출현하는 시기에는 더 많은 교역이 이루어졌을 것이라는 예측도 가능한 일입니다. 여순 지역에서 출토된 다량의 명도전은 바로 고조선의 경제력을 말해주는 지표일 것입니다.

그런데 흥미로운 것은 박준형의 논문에서 고조선과 교역을 했던 척산(斥山)의 지명을 확인하는 과정에서 나타난 고대의 사서 『이아(爾雅)』와 『회남자(淮南子)』의 "東方之美者, 有醫巫閭之珣玗琪焉."에 대한 『이아주(爾雅註)』의 풀이입니다. "의무려(醫巫閭)는 산(山)의 명칭이며 지금의 요동에 있다"는 대목이 바로 그것입니다. 의무려가 의무려산을 말하고 그 당시 요동에 있다고 한 것으로 볼 때 당시의 요동은 그러니까 지금의 요하 서쪽을 포함하고 있었던 것입니다.

참고로 명도전 관련 논문의 작성자인 중국 역사학자 "張博泉[ZHANG Boquan]"은 한국 한자음으로 읽으면 "장박천"이며 C.K 시스템(최영애-김용옥 중국어 표기법)으로 표기하면 "장 뿨취앤"으로 표기할 수 있습니다. 위에서 제가 인용한 표기가 인용자에 따라 다르므로 일관된 표기를 위해 C.K 시스템을 예로 제시하였습니다.

또 장 교수의 논문 제목은 한국 한자음으로 「명도폐연구속설(明刀幣研究續說)」인데, 명도(明刀)는 명(明)자 문양이 새겨진 칼[刀]이라는 뜻이며, 폐(幣)는 화폐로 우리의 경우 전(錢)에 해당하므로 명도폐는 바로 명도전을 말합니다.

속설도 속설(俗說)이 아닌 기존의 것에 연속, 부가된 주장이라는 의미로 보는 것이 정확하며 우리가 흔히 사용하는 어떤 작품의 「속편」이라고 사용할 때의 「속설(續說)」로 또 명도전연구에 대해 '계속해서 이야기하다'는 의미로 볼 수 있습니다.

이제 남은 과제는 이 학자의 명도전 관련 연구 논문을 입수해서 번역 소개하는 일입니다. 이 작업이 중요한 이유는 명도전이 단순히 한 종류만 있지 않았다는 것뿐 아니라 형태를 달리한 원절식 방절식의 두 가지가 사용자 측에 따라 보다 구체화되었기 때문입니다.

장 교수가 언급한 명도전 원절식이 우리가 생각하는 고조선의 것이라면 『한서지리지』의 기록대로 고조선에서 화폐가 사용되었고 그 화폐는 바로 원절식 명도전이 되는 셈입니다. 참고로 현행 중학교 국사교과서에는 고조선의 법률 8개 조항 가운데 오늘날 전하는 세 가지 조항을 소개하고 있는데 그중에 "도둑질한 자는 종으로 삼는다. 용서를 받으려면 많은 돈을 내야 한다."고 한 대목이 있습니다.

원래 남의 것을 도둑질한 자는 남자의 경우 노(奴)로 여자의 경우 비(婢)로 한다고 했으니 결국 도둑질한 자는 남녀를 노비로 삼는다는 것이고 이를 대속하려면 각 1인당 50만(萬)의 가치[돈]로 한다고 했습니

다. 고조선 사회가 이미 청동화폐를 사용하는 사회로 진입했음을 알
려주는 중요한 단서가 된다고 하겠습니다.

참고문헌

박선미,『기원전 3~2세기 고조선 문화와 명도전 유적』, 서울시립대 석사, 2000.

박선미,「고조선문화와 명도전 유적의 일고찰」,『전농사론』(6집), 2000.

박선미,「기원전 3~2세기 요동지역의 고조선문화와 명도전유적」,『선사와 고대』(14),
        2000.6.

박선미,「요하 이동의 명도전 유적과 연의 관련성 문제 검토」,『전농사론』(7집), 2001.

박선미,「웅기 송평동 출토 패각 및 패각형 옥 검토」,『한국고고학보』(56집), 2005.8.

박선미,「전국~진한초 화폐사용집단과 고조선의 관련성」,『북방사논총』(7호), 2005.10.

박준형,「고조선의 해상교역로와 래이」『북방사논총』(10호), 2006.4.

복기대,『요서지역의 청동기시대 문화연구』, 백산자료원, 2002.

성삼제,『고조선 사라진 역사』, 동아일보사, 2005.

성삼제,「명도전은 고조선 청동 화폐」,『교육마당21』(8월호), 교육인적자원부, 2006.8.

송호정,『한국 고대사 속의 고조선사』, 푸른역사, 2003.

윤내현外,『고조선의 강역을 밝힌다』, 지식산업사, 2006.

이덕일,「로제타 스톤과 명도전(明刀錢)」,『조선일보』, 조선일보사, 2005.

송준희,「우리 역사의 비밀」(www.coo2.net)

홍병진,「역사21」(www.history21.org)

명도폐연구속설(明刀幣研究續說)

저는 과거에 『교육마당21』(2006년 8월호)에 실린 성삼제 교육인적자원부 지방교육재정담당관의 「명도전은 고조선 청동화폐」라는 글을 우연히 어느 은행 객석에서 읽고는 명도전의 비밀에 강한 흥미를 느껴서 고조선과 명도전에 관한 글을 인터넷에 올린 적이 있습니다.

그런데 명도전에 관한 글을 올리고 어느 정도 시간이 지난 뒤에 확인해보니 인터넷 여기저기에 제 글이 출처 미상인 채로 마구 인용되고 있다는 사실을 알게 되었습니다. 이때 상당한 충격을 받았는데, 그도 그럴 것이 제 글이 저도 모르는 사이에 네티즌 사이에서 펌[인용]의 대상이 되어버렸기 때문입니다.

당시 인터넷 글쓰기에는 복사 불허 기능이 있어서 여간해서는 쉽게 복제할 수 없게 되어 있는데 어떻게 해서 제 글이 그렇게 쉽게 다른 사이트[카페]에 실리게 되었는가 하는 의문이 들었습니다. 네티즌의 매너 이전에 컴퓨터 기술의 위력에 감탄하지 않을 수 없었습니다.

저는 제가 쓴 글 가운데 비록 인터넷 기사라 할지라도 제가 방문해서 참고한 자료가 있으면 해당 사이트의 주소를 출전에 밝힘으로써 가능하면 저자가 글에 쏟은 노고를 존중하려는 입장을 취하고 있습니다.

날이 갈수록 인터넷 정보의 활용 빈도가 높아가는 시점에서 이루어진 일이라 이에 대한 반성 차원에서라도 인터넷 자료의 인용시 출전의 명기에 주의를 기울이는 사회적인 합의가 있어야 할 것입니다.

그런데 이번 일을 통해서 제가 더욱 크게 느낀 것은 인터넷의 마구잡이 인용에 따른 출전 미상과 잘못된 정보의 유포에 따른 해독이 매우 우려되는 수준에 이르지 않았나 하는 것이었습니다. 이는 인터넷 정보의 부정확성에 기인한 중복된 오류의 재인용이 시간과 정력의 낭비요 결국 우리 사회 에너지의 낭비가 될지도 모른다는 자각에 도달하게 된 것입니다.

인터넷 공간에서 개인적인 차원의 글을 쓴다고 하지만 이미 제 글이 허락없이 마구 인용되어 돌아다니는 순간 공적인 차원으로 비약하고 만다는 것을 깨닫게 되었고 이에 따른 막중한 책임감을 느끼게 된 것입니다.

그래서 명도전에 관한 논문과 자료를 처음부터 재확인하며 검토하던 중 명도전에 대한 일부 기초적인 정보에 잘못이 있을 수 있다는 것을 발견하게 되었고 이번에 반드시 수정 보완해야겠다는 생각을 하게 되었습니다. 이것이 명도전 관련 제2편이 나오게 된 사유입니다.

이번 명도전 후속 글에서는 보다 심도를 기하기 위해 중국의 역사학자 장박천(張博泉)의 명도전 관련 논문을 해설 연재하며 명도전에 대한 상세한 탐색을 가할 예정입니다. 이미 과거의 잘못된 제 글을 인용한 네티즌들은 이번 연재글로 해당 사이트의 내용을 수정 보완해주시기를 바랍니다.

그러면 지금부터 장박천 교수의 논문에 대한 설명을 시작하도록 하겠습니다. 현재 시중에서 구할 수 있는 성삼제 저, 『고조선 사라진 역사』(동아일보사)에서 「명도전은 고조선 화폐가 아닐까」라는 장(章)을 보시면 155쪽에 아래와 같은 내용이 등장하는 해당 논문의 첫 페이지를 전재(轉載)하고 있습니다.

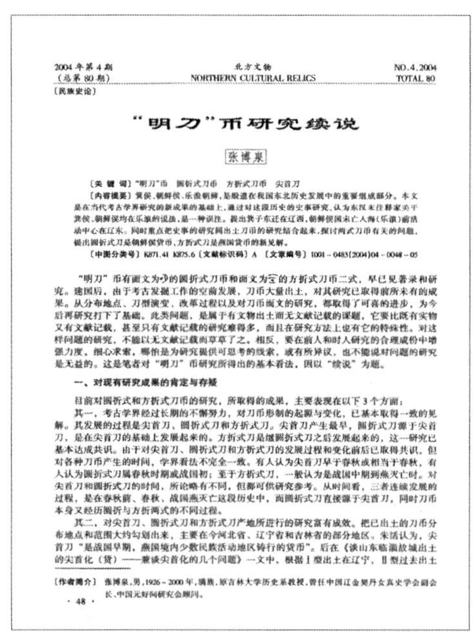

| 2004 年第 4 期 | 北方文物 | NO. 4. 2004 |
| （总第 80 期） | NORTHERN CULTURAL RELICS | TOTAL 80 |

〔民族史论〕

"明刀"币研究续说

张博泉

〔关键词〕 "明刀"币 圆折式刀币 方折式刀币 尖首刀

〔内容摘要〕 箕侯、朝鲜侯、乐浪朝鲜，是殷遗在我国东北历史发展中的重要组成部分。本文是在当代考古学界研究的新成果的基础上，通过对这段历史的史事研究，认为东汉末住辖家关于箕侯、朝鲜侯均在乐浪的说法，是一种误注。提出箕子东迁在辽西，朝鲜侯国末亡人海（乐浪）前活动中心在辽东。同时重点把史事的研究同出土刀币的研究结合起来，探讨两式刀币有关的问题，提出圆折式刀是朝鲜侯货币，方折式刀是燕国货币的新见解。

〔中图分类号〕 K871.41 K875.6 〔文献标识码〕 A 〔文章编号〕 1001－0483(2004)04－0048－05

"明刀"币有面文为 少 的圆折式刀币和面文为 邑 的方折式刀币二式，早已见著录和研究。建国后，由于考古发掘工作的空前发展，刀币大量出土，对其研究已取得前所未有的成果。从分布地点、刀型演变、改革过程以及对刀币面文的研究，都取得了可喜的进步，为今后再研究打下了基础。此类问题，是属于有文物出土而无文献记载的课题，它要比既有实物又有文献记载，甚至只有文献记载的研究难得多，而且在研究方法上也有它的特殊性。对这样问题的研究，不能以无文献记载而草草了之。相反，要在前人和时人研究的合理成份中增强力度，细心求索，哪怕是为研究提供可思考的线索，或有所异议，也不能说对问题的研究是无益的。这是笔者对"明刀"币研究所得出的基本看法。因以"续说"为题。

一、对现有研究成果的肯定与存疑

目前对圆折式和方折式刀币的研究，所取得的成果，主要表现在以下 3 个方面：

其一，考古学界经过长期的不懈努力，对刀币形制的起源与变化，已基本取得一致的见解。其发展的过程是尖首刀、圆折式刀和方折式刀。尖首刀产生最早，圆折式刀源于尖首刀，是在尖首刀的基础上发展起来的。方折式刀是继圆折式刀之后发展起来的，这一研究已基本达成共识。由于对尖首刀、圆折式刀和方折式刀的发展过程和变化前后已取得共识，但对各种刀币产生的时间，学界看法不完全一致。有人认为尖首刀早于春秋或相当于春秋，有人认为圆折式刀属春秋时期或战国初；至于方折式刀，一般认为是战国中期到燕灭亡时。对尖首刀和圆折式刀的时间，所论略有不同，但都可供研究参考。从时间看，三者连续发展的过程，是在春秋前、春秋、战国燕灭亡这段历史中，两圆折式刀直接源于尖首刀，同时刀币本身又经历圆折与方折两式的不同过程。

其二，对尖首刀、圆折式刀和方折式刀产地所进行的研究富有成效。把已出土的刀币分布地点和范围大约勾划出来，主要在今河北省、辽宁省和吉林省的部分地区。朱活认为，尖首刀"是战国早期，燕国境内少数民族活动地区铸行的货币"。后在《谈山东临淄故城出土的尖首化（货）——兼谈尖首化的几个问题》一文中，根据 I 型出土在辽宁，II 型过去出土

〔作者简介〕 张博泉，男，1926～2000 年，满族，原吉林大学历史系教授，曾任中国辽金契丹女真史学会副会长、中国元好问研究会顾问。

· 48 ·

참고로 원문 표기는 현대중국어 간체자입니다. 연재 중에는 중국에서 오늘날 번체자라고 부르는 그러니까 우리가 사용하는 한자식으로 고쳐서 표기하고 설명하겠습니다.

明刀幣研究續說

2004年 第4期 (總 第80期)

北方文物

NORTHERN CULTURAL RELICS

NO.4.2004 TOTAL 80

[民族史論]

"明刀"幣研究續說

張博泉

우선 이 논문을 작성한 사람의 중국 이름은 "張博泉"이며 한국 한자음으로 "장박천"입니다. 원문에서는 이름을 네모 상자[ㅁ] 안에 넣어서 표기했는데, 작고한 학자의 유고(遺稿)라서 그런 것 같은데 아니면 다른 뜻이 있는지 모르겠습니다.

장박천은 역사학자로 성별은 남성(男性)이고, 1926년에 태어나 2000년에 작고했습니다. 성별을 밝히는 것이 약간 우스운데, 논문의 필자소개 약력에 원래 그렇게 나와 있습니다. 주목할 것은 그가 만주족(滿

州族) 출신이라는 점입니다. 중국 길림성 길림대학교 역사학과 교수를 역임했으며, 중국요금거란여진사학회(中國遼金契丹女眞史學會) 부회장과 중국원호문연구회(中國元好問研究會) 고문을 역임했습니다.

그의 논문이 실린 간행물의 제목은 『北方文物』이며, 실린 연대는 그가 작고하고 여러 해가 지난 2004년으로 논문의 기록에 의하면 2004년 제4기(第4期)로 나와 있습니다. 사실 기(期)라는 것은 어떤 시기를 몇으로 구분한 것 가운데 하나를 말하는데 일정한 기간 단위로 여기서는 우리의 경우 1/4분기, 2/4분기 하는 식의 3개월 단위의 분기 개념으로 보면 보다 쉬우리라 생각합니다.

그러므로 이 간행물의 기(期)라는 것이 우리의 경우와 꼭 같지는 않지만 보통 "호"를 말하는 것으로 보고 "제0호", "통권 제0호"하는 식이라고 이해하면 좋을 것입니다. 1년에 제4기라는 간행물이 나왔으니 이 간행물은 대략 분기에 하나가 발행되는 계간(季刊) 형태의 간행물로 보면 되겠습니다.

『北方文物』이라는 간행물의 성격은 영어 번역 "노던 컬쳐럴 렐릭스(Northern Cultural Relics)"의 렐릭스(Relics)가 말해주듯이 유적이나 유물 관련의 것을 다루는 간행물로 보입니다. 우리의 경우 문화재 관련 간행물이나 역사학회 또는 고고학회 논문집으로 보면 유사하지 않을까 싶습니다.

『北方文物』은 북방의 문물을 말하는 것으로 문물(文物)하면 우리말로 문물(文物)이라고도 하는데 문화재를 가리킨다고 보면 좋겠습니다.

그밖에 전장, 제도 등도 의미하는데 여기서는 "문화재 유물" 정도로 보면 될 것 같습니다.

이 논문의 서두에는 한 가지 흥미로운 것이 발견되는데 어떤 의도에서 그런 것이지는 잘 모르겠으나 [民族史論]이라는 것이 표기되어 있다는 점입니다. 논문 서두 좌측 상단에 괄호 안에 작게 표기된 이 "민족사론"이라는 것은 어떤 의미가 있는 것일까요?

우리처럼 식민사관에 대립하는 민족사관의 의미로 중국도 자신들의 민족사론(民族史論)을 의미해서 중국내 소수민족의 "민족사"를 자신들의 역사로 전개한다는 의미인지 알 수 없습니다. 현재 동북공정이 북경대의 역사학자 중심으로 전개되기보다는 변경지역 그러니까 동북 3성의 역사학자들이 주도하고 있다는 데서 우리가 주목할 필요는 있다고 봅니다.

논문에 들어가기 앞서 논문을 작성한 경위는 둘째치고라도 논문이 실린 시기를 고려할 때 발표된 경유를 살피지 않을 수 없습니다. 이는 이 논문이 발표된 시기가 워낙 민감한 때의 일이라 동북공정과 어떤 연관성이 있는지 등이 검토되어야 하기 때문입니다.

물론 모든 것을 지나치게 동북공정의 색안경을 쓰고 바라보는 태도도 지양해야 할 것입니다. 왜냐하면 우선 이 논문은 장박천 교수가 동북공정이 본격화되기 이전인 2000년 그가 작고하기 전에 작성한 논문이라는 것도 염두에 두어야 하기 때문입니다.

또 [民族史論]은 본 간행물의 편집 과정에서 비슷한 성격의 글을 분류하면서 편집 작업의 일환으로 묶는 단위를 나타낸 것일 수도 있기 때문입니다. 『북방문물』 2004년 제4기의 목차를 대강 번역 소개하면 실제로 ○ 고고학 발견(또는 고고 발굴)과 연구 ○ 민족사론 ○ 지방사지 ○ 박물관학 연구 ○ 번역문 ○ 소식 및 여백(보충)기사 등으로 나뉘어 있습니다.

다음은 [關鍵詞] 입니다. 중국의 "관건사(關鍵詞)"라고 하는 것은 관건이 되는 핵심어 정도를 말하는 것으로 논문에서의 주요 용어나 주요 어휘, 즉 중심어가 되는 키워드[Key word]를 말합니다. 요즘에는 흔히 "주제어"라고 하는데 이 논문의 원래 주제어, 즉 키워드는 다음의 4가지입니다.

關鍵詞 : "明刀"幣, 圓折式刀幣, 方折式刀幣, 尖首刀

주제어 : 명도전, 원절식도폐(또는 원절식 명도전), 방절식도폐(또는 방절식 명도전), 첨수도

한국 한자음으로 그대로 옮긴다면 「"명도"폐, 원절식 도폐, 방절식 도폐, 첨수도」입니다. 명도폐는 말 그대로 밝을 명(明) 자의 옛날 형태에 유사한 '해와 달' 비슷한 문양이 표면에 있어서 붙여진 것으로 그 의미나 정확한 유래는 아직 파악되지 않고 있습니다.

명도폐의 "도"는 칼 도(刀)를 말하며 당시에 유행하던 도폐(刀幣), 즉 도전(刀錢)의 일종으로 영어로는 "나이프 머니(Knife Money)"입니다. 참

고로 한국학중앙연구원에서 나온 한국학 영문 용어 용례 사전에는 명도전을 이기백 교수의 『한국사신론』의 영문 번역서를 예로 들면서 "crescent knife coin"이라고 했고, 명도전 관련 논문을 쓴 박선미 선생의 경우에는 "knife-shaped bronze money"라는 영문을 사용했더군요.

명도폐의 "폐"는 비단 폐, 폐백 폐, 재물 폐, 돈 폐로 여기서는 돈, 즉 화폐를 말합니다. 오늘날 중국 화폐에서 말하는 "런민삐[Ren min bi]" 즉 인민폐(人民幣)도 바로 화폐를 뜻하는 폐(幣)를 사용하고 있습니다.

명도폐는 그러니까 우리식으로 말하자면 명도전(明刀錢)으로 지금까지 우리가 학교 국사나 세계사 책에서 중국 전국시대 연(燕)나라의 화폐로 배워온 바로 그 문제의 명도전을 말하는 것입니다. 그렇다면 명도전이라는 용어는 언제부터 사용된 것일까요? 이에 대해서는 명도전이 최초로 발굴된 곳과 명도전 관련 논문이 학계에 최초로 보고된 사항도 더 연구해봐야 할 것입니다.

그렇다면 명도전은 또 실제로 어느 정도 크기일까요? 우선 명도전은 시기와 지역에 따라 약간씩 모양을 달리하고 있는데 우리나라에서 가장 오래된 근대식 은행인 조흥은행에서 펴낸 『조흥금융박물관』에서는 고대의 화폐에 도전을 소개하고 번호 004 도전(刀錢) 항목에 길이가 14.1 센티미터(㎝) 라고 설명해 놓았습니다.

길이가 약 14㎝ 정도라면 어른 손으로 한 뼘 크기보다 약간 작고 우리가 가정에서 과일을 깎아 먹을 때 사용하는 과도보다 다소 작은 것으로 문방구용품 가운데 "커터 칼"이라고 하는 보통 '도루코(DORCO)' 상표나 '바른손' 같은 회사에서 나온 그 정도 크기의 칼을 연상하면 좋겠습니다.

『북방문물』은 기록을 보니 원래『흑룡강문물총간(黑龍江文物叢刊)』이 아니었나 생각합니다. 1997년에 나온『북방문물』의 창간 15주년을 기념하는 어느 글에 이 잡지의 전신(前身)이『흑룡강문물총간』이라고 언급되어 있기 때문입니다.

흑룡강성 하면 길림성 동북에 위치하고 동쪽으로 연해주와도 접하고 있는 성을 말하는데 우리로서는 1905년 을사늑약 체결 이후 안중근 의사가 융희 3년(1909)에 이토오 히로부미(伊藤博文)를 저격한 하얼빈을 떠올리면 친근할 것 같습니다. 하얼빈은 또 오늘날 흑룡강성의 성도(省都)가 아닌가 싶습니다.

이『북방문물』은 2004년 제4기 그러니까 4/4분기에 해당하는 '겨울호'격으로 중국 흑룡강성에 있는『북방문물』편집부가 편집하여, 역시 흑룡강성에서 "북방문물잡지사"라는 이름으로 발행한 것입니다. 인쇄 장정은 하얼빈공업대학 인쇄소이며, 2004년 11월 20일 출판했다고 기록되어 있습니다.

참고로 위 북방문물잡지사의 주소는 중국 흑룡강성 하얼빈시 남강구 선덕가 44호입니다. 혹시 필요하신 분과 기관을 위해 원문을 적으면 "哈爾濱市南崗區宣德街44號"입니다. 중국 우편번호는 150008이며 중국 전화는 중국내 (0451)82717994 이고, E-mail은 193@0451.

com[2011년 現在 beifangwenwu@0451.com]로 나와 있습니다.

저는 이 잡지를 일별해보고 한국고대사 전공자는 물론이고 중국고대사 나아가 북방사 연구자들에게 필독의 구비 자료라는 것을 느꼈습니다. 실제로 장박천 교수의 논문과 함께 실린 논문에는 발해어를 다룬 「渤海國語言初探」 같은 논문도 수록되어 있습니다.

한 가지 흥미로운 것은 한국의 발해사 전공자인 송기호 교수의 발해사 관련 글도 「渤海國首領的性質」이라는 제목으로 번역 소개되고 있다는 것입니다. 『북방문물』 2004년 제4기 표지를 보니 중국 인문사회과학 핵심 정기간행물[期刊]이라고 나오며 흑룡강성 일급(一級) 정기간행물[期刊]이라고 우측 하단에 기재되어 있습니다.

제가 서두에 이렇게 간행물에 대한 상세한 서지 정보를 기록하는 것은 각주의 생명인 정확도에 대한 반성 때문입니다. 저 자신 남의 글에서 나온 것을 확인도 하지 않고 그대로 인용하는 바람에 틀린 정보를 인터넷에 유포시킨 잘못을 범했기 때문입니다.

그래서 특히 다음의 명도전 관련 제3편 글에서는 출전과 각주의 부정확에서 기인하는 이 같은 문제점과 원문의 일차적인 확인없이 타인이 이해한 논문 요약을 그대로 믿고 재인용할 경우 발생하는 학술적 오류에 대해서 논하고 명도전 논문 해설을 계속하겠습니다.

장박천과 북방문물

지난 글에서는 장박천 교수의 논문이 실린 『북방문물』의 서지 사항과 필자인 장박천 교수의 약력 그리고 4 가지 「주제어」에 대한 기본적인 사항을 짚어 보았습니다. 이번에는 논문의 개요에 해당하는 [內容提要] 부분을 살펴보기로 한다. [內容提要]는 우리의 경우 「논문초록」이나 「논문개요」 또는 「논문요약」 등에 해당하는 것으로 이해하면 좋을 것입니다.

「논문개요」는 전체를 간략히 요점 정리하여 핵심을 파악하기 쉽도록 도와주는데 장박천 교수의 「논문개요」는 5줄 정도입니다. 그렇다면 논문의 전체 분량은 어느 정도인가? 전체 분량은 원문의 표기를 그대로 인정한다면 A4 용지 5쪽 분량입니다. 『북방문물』 48쪽에서 52쪽에 걸쳐서 수록되어 있습니다.

그런데 한 가지 궁금한 것은 원래 이 부분을 「주제어」를 포함해서 장박천 교수가 생전에 정리한 것인지 아니면 유고를 실을 때『북방문물』 편집부에서 정리한 것인지 정확하게 알 수 없습니다. 여기에 대해서 관심있는 분들은『북방문물』 잡지사로 연락해서 직접 확인해보시기 바랍니다.

　[内容提要] 箕侯, 朝鮮侯, 樂浪朝鮮, 是殷遺在我國東北歷史發展中的重要組成部分

「논문개요」

지난 번 「주제어」의 해설에 이어 「논문개요」를 살펴봅시다. 먼저 「논문개요」에 해당하는 이 부분은 우리의 경우 「논문초록」이나 「논문요약」 또는 「내용요약」 등 모두 가능할 것입니다. 위의 문장은 장박천 교수의 「논문개요」에 나온 첫문장을 그대로 전재한 것입니다. 이렇게 한 것은 여기에 나타난 저들의 시각을 살펴볼 수 있기 때문입니다.

먼저 "기후(箕侯)"입니다. "기후"는 우리의 경우 보통 기자(箕子)라고 하는 바로 그 인물을 말합니다. 중국에서는 기자(箕子)를 두고 기후(箕侯)로 표현한다는 것을 알 수 있습니다. 제 개인적인 것인지는 모르나 용어에서부터 중국의 제후라는 의미가 강하게 전달되어 오는 느낌을 받습니다.

『삼국유사』에 보면 주 무왕이 즉위한 기묘년에 기자를 조선에 봉했다는 기록이 나옵니다. 그러면 이 「논문개요」의 서두를 보겠습니다. 대체적인 의미를 위의 문장에 즉해서 우리말로 풀어보면 이렇습니다.

"기자[箕侯], 조선후(朝鮮侯), 낙랑조선(樂浪朝鮮)은 은나라가 중국 동북 역사 발전 중에 남긴 중요한 구성 성분이다."

그렇다면 이것은 무슨 뜻인가요? 「논문개요」는 기자[箕侯]와 조선후 그리고 낙랑조선을 모두 은나라의 영향권에 있는 것으로 보고 있다는 점입니다. 이 같은 시각의 원인은 기자를 조선이라는 곳에 봉했다는 것에서 출발합니다.

기자의 뒤를 이어 조선후(朝鮮侯)의 나라 그리고 연나라 소왕에 의해 나라가 망한 뒤 바다로 들어갔다는 낙랑조선을 모두 은의 유민 내지 유산으로 보고 이들 모두 중국 동북지역의 역사 발전에 있어서 중요한 역할을 담당한 것으로 본 것입니다.

연나라 소왕대의 일과 낙랑조선 그리고 바다로 들어갔다는 사실에 대해서는 반론의 여지가 없지도 않지만 우선 여기에서는 장박천 교수의 원문 내용을 따라서 그대로 이해하기로 합니다. 왜냐하면 명도전 관련 사항이 보다 중요하기 때문입니다.

최근 제가 명도전에 대해 흥미를 느끼게 된 계기가 교육부 공무원인 성삼제(당시 지방교육재정담당관) 선생이 『교육마당21』 2006년 8월호에 연재한 「명도전은 고조선의 청동화폐」라는 것은 앞에서 밝힌 바 있습니다. 교육부 발행 간행물이니 교육학 코너에서 봤더라면 더 근사했을 것인데 은행에서 읽게 된 것도 명도전 관련 내용이었으므로 독서의 장소로는 그런대로 궁합이 맞은 셈이었습니다.

그런데 참으로 이상한 것은 그날 명도전에 관한 성삼제 선생의 글을 보고 은행문을 나섰는데 종일토록 저의 머리 속에서 명도전 출토 유적 지도와 고조선 화폐 내용이 떠나지 않았다는 것입니다. 하루 종일 명도전의 망령에 시달린 탓일까요? 저는 그날 귀가하자마자 귀신에 홀린 것처럼 관련 자료를 찾고 그 즉시 「고조선의 화폐와 명도전의 비밀」이라는 글을 올렸습니다.

그러나 그때까지만 해도 저는 명도전에 대해서 매우 기초적인 정보밖에 없었기 때문에 출전과 인용에 다소 차질이 있었고 관련 연구자들의 논문과 각주를 제대로 확인할 수가 없었습니다.

글을 쓴 뒤에 자세히 살펴보니 명도전에 관한 성삼제 선생의 『고조선 사라진 역사』가 동아일보사에서 단행본 형태로 간행된 것 이외에, 대중역사가 이덕일 선생의 『조선일보』 연재 글에도 로제타석과 함께 관련 내용이 일부 소개된 적이 있다는 것을 알게 되었습니다.

그래서 저는 이것을 읽고 또 다른 명도전 관련 자료를 찾아서 인터넷 사이트에 들어가 관련 글을 읽었습니다. 그다지 없을 것으로 생각했던 명도전 자료가 그래도 고조선의 화폐라는 입장에서 다룬 것이 한두 편 보였습니다.

반가운 마음에 읽어보니 성삼제 선생의 『고조선 사라진 역사』에 언급된 성격의 글과 유사한 글이었는데, 논조는 물론 약간 다르게 보강되어 있다는 느낌을 받았습니다. 이들 인터넷 사이트 자료의 출전에 대해서는 지난 명도전 관련 글에서 밝힌 바 있습니다.

인터넷에 글을 올린 뒤 틈나는 대로 명도전에 관한 자료를 읽어가던 중 명도전에 대한 나름의 이해가 생기기 시작했고, 해당 분야 전공자의 이름도 익히게 되었는데 명도전 관련 분야의 대표적인 젊은 사학도가 바로 서울시립대 박선미 선생이라는 것도 알게 되었습니다.

성삼제 선생의 『교육마당21』 연재 글과 단행본 그리고 박선미 선생의 논문을 다시 읽어보니 참고할 자료도 많이 생겨났습니다. 명도전의 비밀을 풀기 위해 기초적인 연구를 시작한 저는 이들을 직접 찾아서 확인하고 복사를 하기로 했습니다.

그런데 자료를 찾기 위해 인용 논문을 살피다보니, 성삼제 선생의 「명도전은 고조선 화폐가 아닐까」에 인용된 장박천 교수의 「명도폐연구속설(明刀幣研究續說)」 내용 가운데 일부 이상한 것이 보이고, 이덕일 선생의 글에서도 명도전에 대한, 특히 원절식과 방절식에 대한 이해가 무언가 잘못된 것이 아닌가 하는 느낌을 받았습니다.

이덕일 선생의 착오는 아마 성삼제 선생의 『고조선 사라진 역사』에서 인용 소개된 장박천 교수의 다음과 같은 글에서 생긴 것 같았습니다. '장교수의 논문 내용은 다음과 같다'로 시작하는 성삼제 선생의 원문 인용처는 『고조선 사라진 역사』 156쪽에 나오는데 전문은 이렇습니다.

"기원전 7세기부터 기원전 3세기 무렵까지 만주지역에는 3종의 화폐가 있었다. 즉 첨수도, 원절식도폐, 방절식도폐가 그것이다. 첨수도는 끝이 뾰족한 것이고 원절식은 화폐를 묶기 위해 구멍을 원으로 낸 것, 방절식은 구멍이 사각형으로 된 것을 말한다. 이들 화폐 가운데 첨수도는 고죽 또는 기자고 관련 족의 화폐이며 원절식은 (고)조선의 화폐이며 방절식은 연나라 화폐이다."

저 역시 이때까지만 해도 성삼제 선생과 이덕일 선생의 글만 보고 명도전 원절식과 방절식의 구분 기준이 묶기 위한 고리 구멍이나 손잡이 끝 구멍이 둥글고 네모난 것에서 판명되는 것으로 이해했습니다. 그런데 이것이 이상하다는 것이 곧 드러났는데, 그것은 명도전의 화폐 관련 그림을 직접 보면서부터였습니다.

『중국고전대집(中國古錢大集)』이라는 중국 호남인민출판사(湖南人民出版社)에서 2006년에 나온 책을 우연히 구입하게 된 저는 이 책에 나오는 고대의 화폐를 보다가 명도전의 원절식과 방절식이 무슨 의미인지 새롭게 눈을 뜨기 시작했고, 또 첨수도(尖首刀)와 이보다 더 뾰족한 침수도(針首刀)라는 화폐도 있다는 것을 추가로 알게 되었습니다.

성삼제 선생은 다시 "2005년도에 발행된 고등학교 국사 교과서 30쪽에 실린 명도전 사진을 보면 손잡이 가운데가 동그랗다. 장보촨 교수는 이를 원절식으로 분류하고 고조선 화폐라고 주장했다."라고 했습니다. 분명히 손잡이 구멍의 둥그런 것으로 원절식 화폐의 근거를 삼고 또 그렇게 이해한 것입니다. 그런데 어떻게 된 일인지 손잡이 구멍은 대개가 모두 둥그렇고 사각형의 구멍은 찾아보기 어려웠습니다. 무슨 일이 일어난 것일까요? 이덕일 선생의 이해도 이와 크게 다르지 않았습니다.

"최근 출간된 '고조선, 사라진 역사'는 이런 모순 해결에 실마리를 제공합니다. 저자 성삼제 선생은 지린(吉林)대학 역사학과 교수였던 장보취안(張博泉)의 '명도폐연구속설(明刀幣研究續說)'을 인용해 명도 전이 고조선 화폐임을 밝혀냈다. 명도전 손잡이 끝의 구멍이 사각형 인 방절식(方'切'式)은 연나라 화폐지만 원형인 원절식(圓折式)은 고조 선 화폐라는 것이다. 만주와 한반도에서 출토된 많은 명도전이 원절 식인 이유가 자연스레 이해된다. 그렇다면 '明'자 '비슷한 글자'는 고조 선 고유 문자일 수도 있다. 샹폴리옹 같은 언어학자가 나온다면 우리 도 고조선어를 통해 반만년 전 고조선의 원초적 역사로 들어갈 수도 있는 것이다."(이덕일, 『조선일보』)

이덕일 선생도 마찬가지로 "명도전 손잡이 끝의 구멍이 사각형인 방 절식은 연나라 화폐지만 원형인 원절식(圓折式)은 고조선 화폐라는 것 이다."라고 한 것을 보면 원절식을 손잡이 끝의 구멍 형태가 둥근 것으 로 파악한 것입니다.

명도전의 원절식 방절식 구분에 대해서 보다 상세한 것은 독립된 글 에서 재론하기로 하고, 다시 성삼제 선생의 인용문으로 돌아와 봅시 다. 그의 원절식, 방절식의 분류 기준에 대한 이해도 이상했지만 '고죽 과 기자고'라는 대목도 무언가 이상했습니다.

고죽은 그래도 들어보았지만 '기자고'는 아무래도 '기자'라는 인명의 착오가 아닐까 하는 생각이 들었습니다. 왜 기자 뒤에 '고'라는 말이 뒤에 붙었을까? 장박천 교수의 원문에 그런 것이 나올까? 점점 이상한 생각이 들었습니다. '기자' 관련 족의 화폐라고 했으면 좋았을 것입니다. 이 부분도 장박천 교수의 논문을 해설하는 과정에서 자연스럽게 해결될 것으로 보입니다.

이밖에도 성삼제 선생의 글 가운데 서울시립대학교에서 발행한 『전농사론(田農史論)』 6집에서 명도전과 관련된 논문을 찾았다고 했는데, 박선미 연구원의 논문이라는 「요하 이동의 명도전 유적과 연의 관련성 문제 검토」라는 논문은 『전농사론』 6집이 아니라 『전농사론』 7집 특집호 "송람이존희교수정년기념호(松藍李存熙教授停年紀念號)"에 나옵니다.

참고로 이존희 교수는 국사 교과서와 연관지어 소개한다면 현행 고등학교 국사 교과서(2002초판, 2006년 발행)의 연구진 "이존희(전 서울시립대학교)"라고 소개되어 나옵니다. 참고할 분들을 위해 이 논문의 원제를 밝히면 「遼河 以東의 明刀錢遺蹟과 燕의 관련성 문제 검토-遼河 以東의 明刀錢遺蹟과 燕下都遺蹟의 비교고찰을 중심으로-」, 『전농사론』(7)입니다.

또 하나의 착오는 성삼제 선생의 글에 소개된 것처럼 이 논문은 2000년이 아니라 2001년에 간행된 7집에 나오는데, 저 역시 이 인용을 그대로 믿고 확인도 하지 않은 채 이전 글의 참고문헌에 기재하는 우를 범했습니다. 당시에 저의 이해 부족과 각주의 인용 출전을 직접 확인하지 않고 재인용한 잘못을 이번에 바로잡는 바입니다.

이번에 새로 명도전 관련 글을 쓰게 된 것도 이것과 그 사연이 무관하지 않습니다. 인터넷상에 이전의 그릇된 정보가 출처 미상으로 돌아다니는 것을 보고 명도전 후속편을 써서 오류를 바로잡아야겠다는 결심을 하게 되었기 때문입니다.

성삼제 선생의 글에 나타난 6집 논문과 관련해서는 이 논문이 2000년도에 발행 사항으로 나오는 것은 맞는 것 같으나 논문의 제목은 2001년에 나온 7집의 것을 인용했기에 해당 논문을 여기에 제대로 밝히고자 합니다. 참고로 확인 결과 성삼제 선생의 인용 내용 가운데 패수에 대한 이야기가 등장하는 것은 7집으로 보는 것이 정확합니다. 이점 수정 보완을 하는 바입니다.

여하간 2000년 『전농사론』 6집에 실렸다는 박선미 선생의 논문은 「古朝鮮文化와 明刀錢遺蹟의 一考察」이 되는 셈인데, 한 가지 흥미로운 것은 이 6집이 도서관 등에서 실제 서물이 보이지 않는다는 것입니다. 위의 논문에서는 인용되어 있고 성삼제 선생의 저서에도 거론되었는데 6집 논문집은 찾아보기 힘들었습니다. 이것은 추후 보완하기로 하겠습니다.

성삼제 선생에 이어 박선미 선생의 논문에도 각주에 착오가 있는 것을 발견했는데, 장박천 교수의 논문이 실린 『북방문물』에 대한 각주 부분입니다. 참고로 수록 논문집을 밝히면 박선미, 「戰國~秦漢初 화폐사용집단과 고조선의 관련성」이라는 논문으로 고구려연구재단에서 2005년 10월 간행한 『북방사논총』(7호)입니다.

이 논문의 각주 44)를 보면 "張博泉, 2004, 「明刀幣研究續說燕」, 『北方文物』4(北京,北方文物出版社)"라는 주가 등장하는데, 우선 이 기록을 보면서 논문이 실린 간행물에 대한 정보가 다소 부정확한 것이 아닌가 하는 인상을 받았습니다. 제목인 「명도폐연구속설」에도 '설(說)'자 다음에 '연(燕)'자가 첨가되어 있습니다. 물론 타이핑이나 교정상의 흔한 착오일 것입니다. 또 간행물의 발행 지역이 '북경'으로 나오며 간행 출판사의 이름도 약간 다른 것 같았습니다.

간행 지역이 흑룡강성 하얼빈시임은 앞의 글에서 밝힌 바 있고 출판사 이름도 '출판사'가 아닌 북방문물 '잡지사(雜誌社)'입니다. 저는 이 『북방문물』에 수록된 논문을 구하기 위해 무던히도 노력했고, 또 고생도 많이 했기 때문에 '장박천 교수 논문 구입기'라는 별도의 글을 써도 흥미로울 정도입니다.

얼마 전 인터넷 자료를 찾다가 「역사갤러리」(디시인사이드)라는 사이트의 한 코너에서는 『고조선 사라진 역사』의 저자인 성삼제 선생과 네티즌 간의 명도전 논쟁이 있기에 참고를 했습니다. 답글을 보니 논문을 구하기가 쉬울 것으로 보였으나 막상 논문이 나온 해당 간행물을 찾으려고 하니 생각보다 쉽지 않았습니다.

국사편찬위원회에서 확인해보니 관련 자료가 없는 것 같았고 인터넷 홈페이지의 자료에도 검색상 확인되지 않았습니다. 해당 연도의 자료도 없고 아마 해당 잡지가 없는 것 같았습니다. 국립중앙도서관과 국회도서관도 사정은 별반 다르지 않았습니다. 최근 문을 연 동북아 역사재단은 고구려연구재단의 개편, 흡수 통합과정에서 신설의 진통으로 연락이 어려웠고 홈페이지의 전자도서관에도 2004년 문제의 논문은 보이지 않는 것 같았습니다.

제가 장박천 교수의 논문을 확인하다가 제 자신의 글에서 발견한 오

류를 바로잡기 위해 이번 글을 쓰게 되었지만 이번 명도전 관련 집필
자들 뿐만 아니라 어느 분야에서든 해당 원문과 출전 그리고 인용을
하는데 있어서 보다 철저하게 확인하고 정확성을 기하려는 노력이 필
요하다고 생각합니다. 물론 이번 사태를 통해서 제 자신에게 더 엄격
하게 적용할 문제라고 생각합니다.

그러나 무엇보다도 성삼제, 박선미 두 분의 노고에 의해 명도전의 비
밀에 한 걸음 더 나아가게 되었다는 것은 기쁜 일이며 충분히 고무되
어도 좋은 일입니다. 특히 성삼제 선생의 경우 공무원 자격의 신분으
로 우리 고대사에 깊은 열정을 가지고 이 같은 좋은 저서를 내서 사
계에 자극을 준 것은 재야나 강단사학계를 막론하고 아무리 격려해도
부족함이 없는 일이라고 생각합니다. 그러면 다시 「논문개요」로 돌아
와 보겠습니다.

원절식과 방절식

지난 번 글에 이어서 오늘도 「논문개요」의 번역과 해설을 계속하도록 하겠습니다. 우선 이 「논문개요」의 서두를 통해서 중국 은나라 유민이 중국 동북사의 발전에 끼친 영향 가운데 기자, 조선후, 낙랑조선을 중요하게 파악하고 있다는 것을 알 수 있었습니다. 다음은 「논문개요」를 정리한 것입니다.

「논문개요」

"기자[箕侯], 조선후(朝鮮侯), 낙랑조선은 은나라가 중국 동북의 역사 발전에 남긴 중요한 일부를 담당하는 구성 요소이다. 본 논문은 당대 고고학계의 새로운 연구 성과의 기초위에 이 시기의 역사적 사실를 연구하여, 후한 말 주석가들이 '기자와 조선후 모두 낙랑에 있었다'는 견해가 일종의 잘못된 주[誤注]임을 인식하였다. 그리하여 기자[箕侯]가 동쪽으로 옮긴[東遷] 것은 요서(遼西)이고, 조선후국이 망입해(亡入海)[낙랑]하기 이전의 활동 중심지는 요동(遼東)이었다는 것을 제기하였다. 동시에 역사적 사실과 출토된 도전(刀錢) 연구를 중점적으로 결합하고, 두 가지 방식의 명도전과 관련된 문제를 심도 있게 살펴서, 원절식 명도전은 조선후의 화폐이고 방절식 명도전은 연나라의 화폐라는 새로운 견해를 제기하였다.”

이상이 바로 장박천 교수의 「논문개요」에 해당하는 부분입니다. 원문은 5줄 정도이나 전후 설명을 하느라 우리말 번역이 다소 지연되어 지금에야 정리하였습니다. 직역보다는 우리말로 부드럽게 읽히도록 약간 수정 첨가한 부분도 있으나 대강의 의미를 파악하는데 큰 문제는 없을 것으로 봅니다.

번역에 의문이 있으신 분은 제기해주시면 보완할 예정입니다. 그리고 이 「논문개요」만으로는 충분하지 않지만 그래도 이제까지 명도전 하면 무조건 중국 전국시대 연나라 화폐라고 여겨왔던 통념을 깨는데 어느 정도 도움이 될 것으로 생각합니다.

장박천 교수는 논문을 통해 원절식 명도전은 조선후의 화폐이고 방절식 명도전은 연나라 화폐라고 하여 기존의 연나라 일색의 화폐라는 주장에 어느 정도 새로운 빛을 던지고 있습니다. 명도전에도 다양한 종류가 있고 원절식이 조선후의 화폐라는 주장만으로도 큰 발전이 아닐 수 없습니다.

[中圖分類號] K871.41 K875.6 [文獻標識碼] A [文章編號]

1001-0483(2004)04-0048-05

「논문개요」 아래에 위와 같은 중국 도서분류 번호 같은 사항이 등장하는데 그대로 전재하니 이 같은 것에도 관심이 있으신 분은 참고하기 바랍니다. 그럼 지금부터는 장박천 교수의 논문 본문으로 들어가 보겠습니다. 문장의 첫 단어는 명도폐, 즉 명도전으로 시작하고 있습니다.

[논문 내용]

"'명도'전['明刀'幣]의 표면문양이 ᒐ인 원절식과 ᆕ인 방절식, 두 가지 양식의 명도전이 있다는 사실은 이미 저록(著錄)과 연구에 보인다. 건국, 즉 중화인민공화국 성립 이후 고고 발굴 작업의 공전(空前)의 발전과 도폐(刀幣), 즉 도전(刀錢)의 대량 출토로 말미암아 명도전에 대한 연구는 전에 없던 성과를 거두게 되었다. 또 분포지점(分布地點), 도형변천[刀型演變], 개혁과정 및 표면문양에 대한 연구 측면에서도 모두 만족할 만한 진전이 있어서 향후 연구의 기초를 다지게 되었다."

참고로 지난 번에 동북아역사재단의 출범 관계로 미처 장박천 교수의 위 논문을 이용할 수 없었다고 했는데, 최근 자료실을 방문하여 『북방문물』 해당호를 참고할 수 있었습니다. 전자도서관은 아직 정리 중이라 등재되어 있지 않은 것 같은데, 방문해보니 다행히도 그곳 자료실에는 비치되어 있었습니다. 친절하게 자료의 열람을 도와주고 논문의 복사를 허락해준 동북아역사재단 관계자분들께 이 자리를 빌어 감사드립니다.

다음은 명도전 연구가 지닌 특수한 성격과 어려움을 말하고 그래도 치밀한 연구와 노력으로 새로운 단서를 포착할 수 있다는 것을 밝히고 있습니다. 아울러 논문의 제목을 왜 「명도폐연구속설(明刀幣研究"續說")」이라고 했는지도 언급하였습니다. 명도폐는 결국 명도전입니다.

"명도전 표면문양과 관련된 이러한 부류의 문제는 유물의 출토는 있지만 문헌 기록이 없는 과제에 속하는데, 이 같은 연구는 실물도 있고 문헌기록도 있는 연구에 비해, 나아가 문헌만 있는 연구에 비해 훨씬 더 어렵고, 게다가 연구 방법에 있어서도 그 자체의 특수성을 지닌다. 이 같은 문제에 대한 연구는 문헌기록이 없다고 하여 대충 적당히 처리해서는 안 된다. 이와는 정반대로 앞사람의 연구와 동시대 연구자의 합리적인 요소에 활력을 배가하고, 면밀하게 추구하면, 설령 연구에 어떤 사고할만한 단서를 제공하여 혹 이의가 있다 하더라도 문제를 해결하는 연구에 전혀 도움이 되지 않는 무익한 것이라고 할 수 없다. 이것은 필자가 명도전 연구를 통해 얻은 기본적인 견해이므로 논문의 제목을 "속설(續說)"로 제(題)하여 「명도폐연구속설(明刀幣研究續說)」이라고 하였다."

명도전의 몸체가 둥그런 곡선을 유지하고 있는 것을 원절식(圓折式)이라고 합니다. 원(圓)은 둥글다는 것이고 절(折)은 꺾였다는 뜻입니다. 앞에서 말했듯이 묶는 고리 구멍이나 손잡이 끝의 작은 구멍의 형태에 기인한 것이 아닙니다. 원절식과 방절식 둘 다 고리의 구멍은 대체로 둥그렇습니다.

방절식(方折式)의 방(方)은 모 방(方)으로 네모난 것을 말하고 절(折)은 역시 꺾어진 것을 말합니다. 명도전의 몸체가 둥근 곡선이 아닌 사각형 모양을 보이고 있습니다. 연구가 진행되면 명도전에도 원절식 방절식의 구분 외에 또 다른 형태의 것에 대한 판별도 가능할 것으로 보입니다.

『중국고전대집(中國古錢大集)』(2006)에서는 방절식 대신 명도전을 구분하는데 "경절(磬折)"이라는 용어를 사용하였습니다. 왜 "경절"이라는 명칭을 붙였는지는 모르나 경(磬)이라는 것은 경쇠 경으로 우리가 국악기에서 말하는 편경을 연상하면 쉬울 것입니다. 편경의 모양이 바로 방절식 명도전의 모양과 흡사하기 때문입니다.

편경의 꺾인 "ㄱ, ㄴ" 한글 자모 같은 형태의 명도전이 바로 장박천 교수가 말하는 방절식 명도전입니다. 이를 통해서 원절식과 방절식 명도전에 대한 구분은 어느 정도 분명해졌습니다.

명도전의 변천과정

오늘 오후에 가족 중 한 분을 모시고 병원에서 정기 검진을 마치고 돌아오다가 아파트입구에서 아래층에 사는 한 여학생과 마주쳤습니다. 우편물을 꺼내려고 부근으로 가까이 가서 보니 국사책을 가슴에 안고 있더군요.

아담한 키라서 중학생인줄 알았는데 마침 고등학교 국사책을 가지고 있었습니다. 그렇지 않아도 고조선 화폐와 명도전을 다루고 있어서 그런지 국사 교과서가 새롭게 보이고 학생들의 고조선에 대한 생각이 궁금해졌습니다.

과연 명도전은 언제부터 제조되었고 또 사용하기 시작했을까요? 한국 고대사, 특히 고조선에 관한 것은 모두가 역사적 상상력의 극치를 맛보게 해줍니다. 그래서 저는 이 같은 것을 생각하면『고조선 사라진 역사』에서 성삼제 선생의 다음과 같은 주장이 피부에 와 닿는 것을 느낍니다.

『고등학교 국사』

"주제마다 치열하게 부딪치는 논쟁을 접하면서 역사란 과거의 일이 아니라 현재에 되살아나고 있는 생명체라는 것을 깨달았다. 논쟁 하나하나를 대할 때마다 마치 추리소설을 읽는 것처럼 흥미진진했다. 정반대의 주장들을 접하면서 어느 쪽의 논리가 선명하고 어느 쪽의 논리가 부족한지 알 수 있다. 고조선 역사 논쟁 자체가 훌륭한 논술 교과서인 셈이다."

이 가운데 가장 멋진 것은 논술 시대를 맞이하여 "고조선 역사 논쟁 자체가 훌륭한 논술 교과서인 셈이다."라는 대목입니다. 논술 교과서로서 고조선의 역사 논쟁만큼 흥미로운 것도 없겠지요. 퍼즐을 맞

쳐가며 하나하나 해결해가는 과정은 그 자체로 스릴과 흥분이 교차하는 연구 대상입니다.

상고사학회 같은 곳을 가보면 고조선을 둘러싸고 소위 강단과 재야라는 양측이 공방전을 주고받는데, 사실 재야측은 말이 논증이지 실제로는 거의 일방적인 주장에 가까운 면이 많습니다. 실제로 강단측은 재야측의 주장에 대해 기초적인 사항도 점검이 안 된 자료 해석을 놓고 상대하기 곤란하지 않느냐는 분위기들입니다.

그러면 다시 재야측은 강단을 열정도 없고 식민사학에 매몰된 학자들이라고 하고 그러면 다시 강단측은 재야를 기본적인 논리를 갖추고 기초적인 사항을 점검해야 한다고 성토하는 형편입니다. 제가 보면 둘 다 맞습니다. 사실 강단이라고 모두 식민사학의 후예만도 아니고 재야라고 열정으로 가득 찬 진실만을 주장하는 것만도 아니지요.

또 재야라고 사서의 원문을 읽는데 한문에 능통한 것만도 아니고 해석의 엄밀성에 있어서 다소 떨어지는 면이 있습니다. 무조건 유사한 지명이나 국호를 한국의 고대사에 맞추려는 것이 그 한 예입니다.

예를 들어 이런 것은 어떻습니까? 오늘날 우리가 미국 서부 LA나 캐나다 밴쿠버 등에 한인 거주지역이 있다고 합시다. 몇 백년이 흐른 뒤 어느 고고학자가 발굴해보니 이 지역에 한국인의 자취가 있다고 하여 북미 서해안을 한국인이 점령하여 지배했었다고 주장할 수 있겠습니까? 재야사학의 문제점은 바로 그 같은 측면이 보인다는 것입니다.

또 고대 한국의 지역 내에 중국인의 자취가 있다고 하여 모두가 중국의 후예요 그 영향을 받은 것으로 그 집단 전체를 평가할 수 있겠습니까? 아주 최근의 경우 인천 차이나타운에 있는 화교들의 거주지를 두고, 먼 후대의 발굴자들이 한국은 중국의 식민지였다고 주장할 수 있겠는가 하는 것입니다. 식민사학의 경우는 이런 문제도 보인다는 것입니다.

일본이 주장하는 임나일본부설도 그 좋은 예가 아닌가 싶습니다. 마찬가지로 중국내 일부 유적이 있다고 하여 중국 동해안 일대 전부를 고대 한국이 석권했다고 보기도 역시 어려운 문제가 아닐까 싶습니다. 물론 일정 부분 고대 한국의 중국 동해안 일대의 활동을 무시하기 어려운 면도 분명히 있습니다.

명도전도 그렇지만 고조선을 연구하려면 아무래도 양측을 다 점검해야 하는데 그 주장의 원초적인 진원지가 일본의 식민사학에서 날조된 그릇된 틀에서 시작한 것이라면 이 또한 여전히 믿기 어려운 현실이겠지요. 저로서는 강단은 재야의 열정과 노력을 존중하고 재야는 강단의 학적 토대를 보다 다질 필요가 있다고 봅니다.

그럼 다시 명도전으로 돌아와 봅시다. 장박천 교수의 논문인데 어디까지나 이 논문은 우리의 명도전 탐구에 대한 참고요 방편이니 원절식 명도전은 고조선의 화폐라는 주장에 모든 것을 의지할 수는 없습니다. 우리 나름대로 새롭게 분석해야 할 것입니다. 그러면 논문을 계속 살펴보도록 하겠습니다.

1. 현재 연구 성과의 긍정적인 면과 남은 의문

"현재 원절식과 방절식 도전(刀錢)에 대한 연구 결과를 살펴보면 주로 다음과 같은 3가지 방면에서 그 성과가 나타나 있다.

첫째, 고고학계의 장기간에 걸친 부단한 노력으로 도전(刀錢)의 제작 기원과 변화에 대해서는 이미 기본적으로 일치된 견해에 도달하였다. 그 발전 과정을 보면 첨수도(尖首刀), 원절식, 방절식이다. 첨수도의 기원이 가장 이른데 원절식은 바로 첨수도에서 기원한 것으로 첨수도의 기반 위에서 발전한 것이다. 방절식은 원절식의 뒤를 이어 발전한 것으로, 이에 대한 연구는 기본적으로 공통된 인식을 보여주고 있다.

첨수도와 원절식 그리고 방절식의 발전과정과 전후 변화에 대해서는 이미 공통된 인식에 도달했지만 각종 도전(刀錢)의 탄생 시기에 대해서는 학계의 견해가 완전히 일치하지는 않는다. 어떤 이는 첨수도가 춘추시대보다 이르거나 춘추시대에 나왔다고 보고, 어떤 이는 원절식이 춘추시대 또는 전국시대 초기에 속한다고 보고 있다. 방절식에 대해서는 일반적으로 전국 중기에서 연나라가 멸망한 때까지로 보고 있다.

첨수도와 원절식의 탄생 시기에 대해서는 논하는 바가 대체로 다르지만 연구에 참고할 만하다. 시간적인 측면에서 본다면 3가지 도전(刀錢)의 연속적인 발전 과정은 춘추시대 이전과 춘추시대 그리고 전국시대 연나라가 멸망한 역사단계로 볼 수 있다. 원절식은 직접 첨수도에서 기원했는데, 동시에 도전(刀錢) 자체에서 다시 원절식과 방절식 두 가지 방식의 서로 다른 과정을 거쳤다."

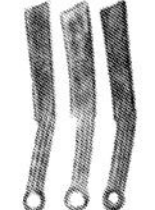

선진화폐통론

고조선과 명도전에 관한 연재를 하다 보니 명도전이라는 용어를 누가 처음 사용했으며 또 그는 왜 명도전이라는 이름을 붙였을까 그리고 출토된 명도전 유물의 소속국을 어떻게 처리하였는지 등이 궁금해졌습니다.

중국의 역사학자 황석전(黃錫全)의 『선진화폐통론(先秦貨幣通論, A General Survey of Pre-Qin Money)』(北京,紫禁城出版社, 2001)이라는 저서를 보니 명도전에 대한 기록 가운데 가장 이른 발굴 보고가 1923년 일본이라고 나옵니다. 참으로 이상한 일 아닌가요? 어째서 명도전이 일본에서 먼저 발굴이 되었을까요?

참고로 북경대와 길림대에서 역사학을 전공한 황석전의 이 책은 인터넷 「역사갤러리」와 http://hkh336.egloos.com/912134의 "토론" 공간에서 소개받은 책인데, 「중국고고문물통론」 시리즈의 하나로 나왔

으며 전체 분량은 대략 425쪽이고 우리나라 중·고등학교 국사 교과서
와 크기가 거의 흡사합니다.

黃錫全, 『先秦貨幣通論』

황석전의 이 책은 기존 논문에서 확인해보니 명도전에 관련된 석사
논문을 쓰고 현재 이 분야의 앞서가는 젊은 연구자인 서울시립대 박
선미 선생이 『북방사논총』(7호)(2005.10)에 실은 「戰國~秦漢初 화폐사
용집단과 고조선의 관련성」이라는 논문에도 인용되어 등장하고 있습
니다.

그렇다면 일본에서 출토된 명도전은 어떤 과정에서 나온 것일까요?
누가 언제 어디서 발굴을 한 것일까요? 그리고 그 발굴 의도는 무엇이
었을까요? 일본은 그 당시 출토된 명도전이라는 화폐에 대해 무슨 생
각을 했던 것일까요? 한국에서는 일본에 이어서 1924년에 최초로 명도

전이 발굴되었다는 기록이 나옵니다.

일제의 조선총독부가 알려진 대로 우리 역사 서적을 대대적으로 반출하기 시작한 것이 1920년대라고 한다면 그리고 조선사편수회의 한국 고대사 왜곡 과정을 살펴본다면 무언가 음모가 있지 않을까 하는 생각이 듭니다. 여기서 일본 문화제국주의의 어두운 마수의 그림자가 느껴집니다.

물론 모든 것을 일제 식민사학의 잔재로 몰아부치는 태도도 보다 신중을 요하는 어려운 작업입니다. 그러면 지난 번 글에 이어 장박천 교수의 명도전 관련 논문을 계속 살펴보도록 하겠습니다.

"둘째, 첨수도(尖首刀)와 원절식 및 방절식 도전(刀錢)의 출토 지역에 대한 연구는 상당한 성과를 거두었다. 이미 출토된 도전(刀錢)의 분포지점과 범위를 대략 구획해보면 주로 하북성과 요녕성 그리고 길림성의 부분적인 지역이다.

주활(朱活)은 첨수도가 '전국 초기 연나라 경내 소수민족의 활동 지역에서 주조 유통된 화폐'라고 보았다. 나중에 그는 『산동 임치 고성 출토 첨수화 고찰-첨수화의 몇 가지 문제 검토[談山東臨淄故城出土的尖首貨-兼談尖首貨的幾個問題]』라는 논문에서 (I)형(型)의 출토가 요녕성에서 있고, (II)형(型)이 과거 요동, 혹은 장가구(張家口), 승덕(承德) 등지에서 출토되었을 뿐만 아니라 첨수도의 문자 중에 □(竹)、□(冀)、□(鱼) 등의 문자가 있는 것에 근거하여 이들 지역이 모두 고죽국(孤竹國)과 근접해 있고 또 첨수도가 당시 고죽족 (孤竹族)의 활동 범위 내에 있었다고 보았다.

또 진철경(陳鐵卿)의 『흔히 보이는 고대 화폐의 하나-명도전[一種常見的古代貨幣-明刀]』이라는 논문에서도 '첨수도의 출토 지역은 하북성 경내를 벗어나지 않는다'라고 하였다. 첨수도를 계승한 이후의 도전(刀錢)은 여러 학자들의 견해가 대체로 일치하는데, 한 가지 종류의 도전(刀錢)이 두 가지 양식으로 그리고 출토 지역은 연나라 경내인데, 연역하도(燕易下都)를 중심으로 외부로 발전해 나갔다는 것이다."

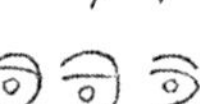

一种常見的古代貨币——明刀

陈　鉄　卿

明刀出土的数量很多，分布地区也很广，关于它的来源、种类、通行区域和鑄行的时期等，都是文物工作者所应該知道的。旧譜对此記載不詳，近年发现的材料滿多，彙集起来研究，大体上可以得出比較正确的結論。现在就个人所見到的，提出来供同志們参考，不当之处，还請大家指正。

（一）来源：古代貨币，都是由人民日常习用的物品演变而成，刀化是从黄河下游地区防卫游猎用的眞刀演变来的，但是明刀并不直接出于眞刀，而是間接出于尖首刀。

初期的明刀与尖首刀的区別，在于刀首銳度的大小不同。初期尖首刀上端尖銳（图1），后来銳度逐漸减小（图2），最后成为坡斜形（图3），就是明刀了（后期明刀比前期的首端銳度更要小一些，可知这种变化一直在进行着）。古泉汇亨集卷九頁四著录有一刀，形状和明刀完全相同，但面文不是"明"字而是倒"六"字（这是尖首刀上常用的字），它是由尖首刀过渡到明刀的一种形制（图4）。

尖首刀面文虽为一个字（也有不是字的符号），但有多种，明刀面文固定，只一"明"字，这是两种刀明显的区別。不过"明"字不是改为明刀后突然有的，在晚期的尖首刀中，已經有用"明"字为面文的情形（图5），可見"明"字本是后期尖首刀所用面文中的一种，后来其他字全不用，单用"明"字，就成了以面文得名的"明刀"。

从以上现象来看，尖首刀和明刀是先后衔接的，又是逐漸演变而成的。

（二）种类：明刀鑄地不同，有燕、齐之分，但后者数量很少，这里所說的"明刀"，专指燕地的明刀。此种明刀，以形式区分，有刀身圆折和方折两种（图6），圆折的較早，方折的較晚。

早期明刀的圆折形式和面文"明"字，本从尖首刀面来。但以后"明"字在形式上有过不少改变，背文也由簡而繁，由不固定而趋于比較固定，按照面背文的变化，又可分成两个阶段：

（1）明刀开始时，面文"明"字写法欹斜而长，和尖首刀大致相似，背文据古泉汇所載，有紀数字、干支字和"土""上""工""七"等簡字。这些面背文字都沿袭尖首刀，可以看出两者遞变的情形。"明"字的写法如右上：

（2）稍后，背文逐漸固定为"左""右"等字，又逐漸在"左""右"字下加上紀数字。"明"字写法漸端正，字体較前縮短如右下。

明刀后期，刀身由圆折变成方折，这大槪是为画范的方便而改的，因为画直綫比曲綫容易。背文除"左""右"外，又增加了"外""𠙵"①两种，此外单著一"行"字的也不少，并有其他不能辨識的字，数虽不多，也各成一种。面文"明"字为書写的便利，已改扁作"◎"了。

（三）通行时期：明刀在形式上有不少变化，

---

①　此字不可識，有人释作"內"恐欠妥当。

即使有，此刀也不应再用齐字齊字为背文。面文旣著燕地名，背文又著齐地名，一刀而著两国地名，如果不是燕軍入齐，在齐地鑄的貨币，就很难解释。由此推論，这种博山出土的易字小刀，应为燕乐毅入齐占領齐地的五年中，所鑄行的軍用貨币。

今旣考証此刀面文为易字古文，易，地名，为燕初封之地，迁薊后又为下都，因而可以推定易为燕国原始的称号。在周代分封諸国的时候，大多用所封地名来做国号，如封舜后于陈而称陈，封禹后于杞而称杞，封殷后于宋而称宋，封太公后于齐而称齐，封周公后于魯而称魯等等，燕为召公之后，最初封于易，应該称易。燕国的燕字，在金文中是沒有的，金文燕作匽，有"匽侯䵼"为証，或作郾，有"郾侯之戈"，"郾王之鈈"为証。可見燕在春秋的时候書作匽，在战国的时候，增邑旁作郾，沒有書作燕字的，書作燕，据郭沫若先生說：是汉人传抄者所改，匽与易为一声之轉，同音相通，称匽原从称易而来。由此可以推定，燕初封于易的时候，原是称易的，后来迁都于薊，始改易而为匽了，到了汉代改書作燕，則燕的原称"易"与"匽"，因而不传。今从金文可以証明燕的原称为匽，从刀文又可証明燕最初称为易，这对历史研究多少是有帮助的。

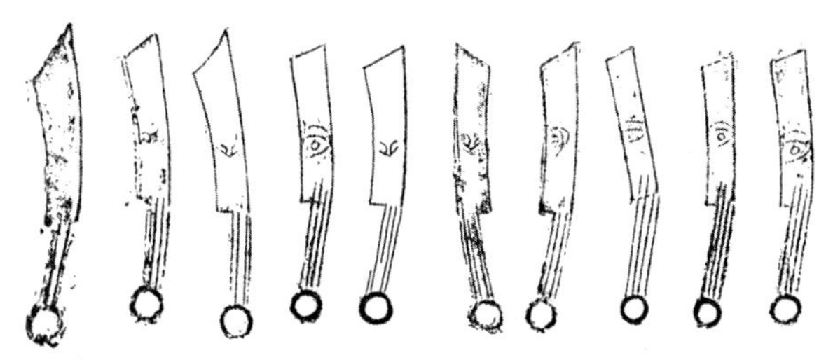

1　　　　2　　　　3　　　　4　　　　5　　　　6

尤其是背文变化更大，通行地区又很广，可知行用时间一定也相当悠久。后期方折明刀直通行到战国之末，前期圆折刀，开始行用必在春秋时期，前后合计，通行时期最少也在二百年以上。

（四）出土地区和数量：尖首刀出土不出河北省境，而明刀最南到河间一带，由此可知河北中部是尖首刀转变为明刀的地区。明刀在此承继了尖首刀，别树一帜向北发展②，一直到热河和辽东，更远到朝鲜。明刀通行时期既长，地域又这样广，所以出土数量之大远远超过同时期的其他各种货币。

关于明刀出土的记载，最早见于吉金所见录，该书说："河间易州于败井颓垣中，每有所获，动辄数千。"古泉汇和续泉说也提到在清道光年间，直隶境内新出无数。考古学报1956年第1期佟柱臣先生的"考古学上汉代及汉代以前的东北疆域"一文中，也说热、熨平、辽宁抚顺等处出土数量有的是二千多枚；有的是四千多枚。以重量计的，有的四十公斤；有的一百公斤。这些都说明了明刀数量之多是相当惊人的。

（五）背文的纪数字：刀布文字中纪数的字，空首布、尖首刀都有，而以平首尖足布和明刀为最多。其中又以明刀最齐备，从"一"开始，到十几、几十、几百直至五千，应有尽有。这类字绝大多数都是在刀背"左""右"等字之下，单著数字的很少，它是研究古代纪数字很难得的材料。

（六）关于刀面上的"明"字。"明"字已成为这种刀化的名称，这字左边象"日"，右边象"月"，所以从一开始就多释为"明"，至今已为人所公认，但有人本着说文"日月为易"的话，改释为"易"，将"明刀"改称为"易刀"。这是一个新的说法，不过我不同意这种说法，现特说明如下：

（1）有人说"明"从"囧"声，左半不从日。不知甲骨文中"明"字已有从"日月"的，金文如牧敦"明"字也从"日月"作哟。

（2）说文谓"日月为易"，只是说"易"字是"日月"合书，而没说明如何写法。按"日月为易"的"易"字，"日"部应在上，"月"部应在下。而这个字"日"部在左，"月"部在右，正与"明"字写法相合，释"明"是合理的，释"易"就嫌牵强。

（3）明刀的"明"字，本是沿自尖首刀，在尖首刀上这个字为各种行用标记杂字中的一种，不可能是燕的都邑名称。

（七）关于齐明刀：齐明刀出土于山东博山一带，其地接近临淄，是古齐邑的一部分。刀也以"明"字为文，虽铸地不同，仍是"明刀"的一种。但因发现较晚，出土数量又少，所以旧谱和燕地明刀混列在一起，没有分别开来。近人注意到出土地点和制作的不同，才把它另分成一种，而称为齐明刀。

这类刀的铸行时期，还没经过确切的考定。在王毓铨所著我国古代货币的起源和发展一书中，把明刀分为三种类型，齐明刀为甲型，燕地的圆折明刀为乙型，方折明刀为丙型。这种分法是认为齐明刀铸造时间较早，燕明刀较晚。郑家相所著中国古代货币发展史一书中，则谓齐明刀系乐毅破齐后在齐地铸造的，应在战国后期。这两种说法都是值得商榷的。

首先燕地明刀圆折和方折的本系一种，只是时期前后不同；而齐明刀因铸地不同，应是另一种，共为二种。如果分为三型，仿佛齐明刀是一种，燕地明刀圆折的是一种，方折的又是一种，采统欠明确。至于齐明刀和燕地圆折明刀哪种铸造在前，现在还不易判定，但从形制和"明"字写法来看，两者的时期是不甚相远的。　　　　（下接35页）

② 明刀出现后，尖首刀仍然通行了一个时期，所以有两者同地出土的现象，见古泉汇、货布文字考及续泉说。

저는 처음에 장박천이라는 이가 그저 어쩌다가 명도전에 관한 소략한 논문을 하나 발표한 사람이거니 생각했는데, 그의 논문을 해설하면서 관련 자료를 확인해보니 그는 동북사연구의 권위자요, 20권의 저서와 200여 편에 달하는 논문을 낸 대단한 학자임을 알게 되었습니다.

장박천 교수의 논문은 문자적인 옮김을 지양하고 풍부한 설명으로 논문 본래의 분위기를 그대로 전하려고 하다보니 명도전과 고대사에 관한 더 많은 연구가 필요했는데, 그 와중에 명도전에 관한 것은 물론이고 나아가 근대 일본제국주의의 조선 경제 침탈이라는 사실도 재확인하게 되었습니다.

명도전으로 인해서 「돈」에 대해 유감없이 말할 기회가 주어진 인연도 흥미롭게 생각합니다. 이를 통해 「고조선의 화폐 의식에서 현대 한국인의 금전(金錢) 의식까지」 전개시켜 볼 생각입니다.

참고로 박선미 선생의 위 논문 「戰國~秦漢初 화폐사용집단과 고조선의 관련성」에 인용된 각주 1)을 보면 『동국사략(東國史略)』과 『해동역사(海東繹史)』에 기자조선이 자모전(子母錢)이라는 화폐를 사용한 기록이 나온다고 하였으니 고조선의 화폐 의식을 살피는 일도 필요할 것입니다.

장박천 교수의 논문에 대한 해설 연재는 이제까지 국사 교과서에 소개되어 나온 "명도전 - 춘추 전국 시대에 연나라와 제나라에서 사용한 청동 화폐이다"라는 기존의 공식에 새로운 이해를 가져오고 나아가 고조선을 비롯한 한국 고대 화폐사를 새롭게 바라볼 좋은 단초가 될 것입니다.

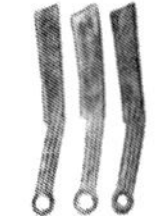

발해통보

최근 고조선의 화폐와 명도전의 비밀이라는 글을 연재하다보니 이와 더불어 멋진 소식도 들려옵니다. 먼저 노벨평화상 소식입니다. 노벨평화상은 정치인이나 수녀 같은 분만 받는 줄 알았는데 올해 수상자를 보니 사람이 아닌 '은행'도 받는군요. '은행'이 그처럼 유익한 일을 행할 수 있는 까닭은 무엇일까요?

또 하나 반가운 소식은 고구려를 계승한 발해의 화폐 발굴 소식입니다. 세계일보 편완식 기자의 발해통보 관련 보도가 그것인데 대진대 북방사학 전공자 서병국 교수가 발표한 이 화폐는 발해의 역사를 밝혀줄 새로운 유물로 등장해 화제입니다.

이번 화폐의 진품여부에 대한 보다 구체적인 것은 세밀한 검토와 연구가 뒤따라야겠지만 발해통보의 발견 보도 자체가 하나의 반가운 소식임에는 틀림없는 일입니다. 향후 한국에도 한국명도전학회 같은 것이 창립되어서 고대 화폐사를 전공하는 역사학도와 경제학도들이 서로 교류를 하면 좋겠습니다.

얼마 전 북한의 핵실험 파동으로 세계가 놀라고 있지요. 사실 북한의 그 같은 정책은 미국이 주도한 대북 경제봉쇄가 얼마나 강력한 압박이 되는가를 여실히 보여주는 일이라고 하겠습니다.

북한의 위조지폐 제조도 국제사회의 지탄을 받아왔지요. 위조지폐창을 만드는 돈은 어디서 났으며 또 그 기술은 어디서 가져온 것일까요? 옛날 연나라의 화폐가 고조선 경내에서 많이 발굴된다면 이 역시 위폐로 봐야 할 것인가요?

한국 근대에도 전환국이라는 지금의 조폐공사 같은 것을 세워서 새 화폐를 주조한 기록이 나오지요. 가볍고 튼튼한 주화를 만드는 것도 상당한 기술이 필요한 일입니다. 또 민간에서 쉽게 복제하지 못하도록 하는 것도 중요하겠지요. 화폐가 사용되었다는 것은 그 만큼 강력한 통치 체제가 있었다는 이야기도 될 것입니다.

고조선은 과연 어떤 화폐를 사용했을까요? 또 주조 실력은 어느 정도이며 국가 경제력은 어느 정도의 규모를 지니고 있었을까요? 저는 제나라와 발해 연안을 둘러싼 고조선 무역이 당시 적잖은 매력이 있다고 봅니다만 보다 면밀한 연구가 필요한 일입니다.

또 요즘 허영만 화백의 만화가 영화로 제작된 「타짜」라는 작품에도 돈과 도박판의 이야기가 등장하는데 옛날에도 노름꾼이 있었다면 어떻게 노름들을 했을까요? 돈이 없으면 현물로 아니면 무엇을 주고받으며 노름을 했을까요?

고조선의 화폐를 연구하면서 이들을 계승한 고구려와 발해에는 어떤 화폐들을 사용했을까도 궁금한 일입니다. 고구려의 화폐에 대한 것은 그다지 들어보지 못한 것 같은데 이번에 다행히 발해통보가 발견되어 화제입니다. 다만 이번 발해통보는 일종의 기념주화 같은 것으로 보고 있습니다.

그럼 다시 장박천 교수의 논문으로 돌아와 봅시다. 기존 연구의 세 가지 두드러진 연구 결과를 정리하고 있습니다.

"셋째, 첨수도와 원절식 그리고 방절식에 대한 연구는 모두 당시의 역사 상황과 결합하여 진행하였다. 일반적으로 첨수도는 연나라 경내에서 나오지 않지만 연나라의 관할 지역, 즉 동북의 '고죽(孤竹)', '기(箕)' 경내를 포함하는데, 모두 연나라 소속 지역 내 민족의 거주 지역으로 보고 있다. 동시에 기타 두 가지 양식의 도전(刀錢)은 대부분 연나라 화폐로 보고 있다.

이상 3가지 방면에 대한 연구 성과에 대해, 매우 커다란 발전과 향상을 이루었다고 나는 여긴다. 그러나 나는 이들 문제에 대해 여전히 몇 가지 의문을 지니고 있다. 예를 들어 '명도'라고 불리는 것이 원래 한 가지 종류의 도전(刀錢)에서 나온 두 가지 양식인지 아니면 서로 다른 두 나라에 속하는 두 종류의 화폐인가 하는 것이고, 또 출토 지역도 모두 연나라 경내와 일치하는가? 또 연나라 중기 조선을 침략하여 진번 조선 지역을 점령하기 이전의 동북 지역의 '기'와 '조선'은 연

나라에 속하는가? ﾌﾟ과 ᄒ 문양은 동일 문자의 변화인가 아니면 원래
가 서로 다른 두 개의 문자인가 하는 것이다. 이것이 바로 내가 본 논
문에서 쓰려고 하는 문제이자 쓰게 된 근본 원인이다."

이상이 장박천 교수가 기존의 연구 성과를 바라보는 긍정적인 측면
과 여전히 미해결의 의문을 남기고 있는 부분에 대한 자신의 입장을
밝히는 대목입니다. 우리는 장박천 교수의 논문이 쓰여진 동기를 여기
서 찾아볼 수 있습니다.

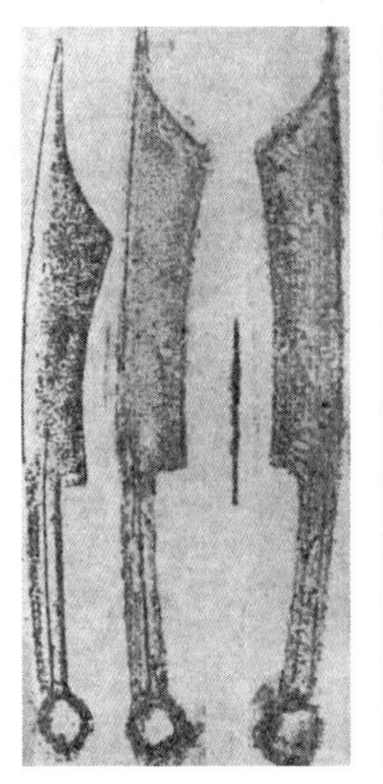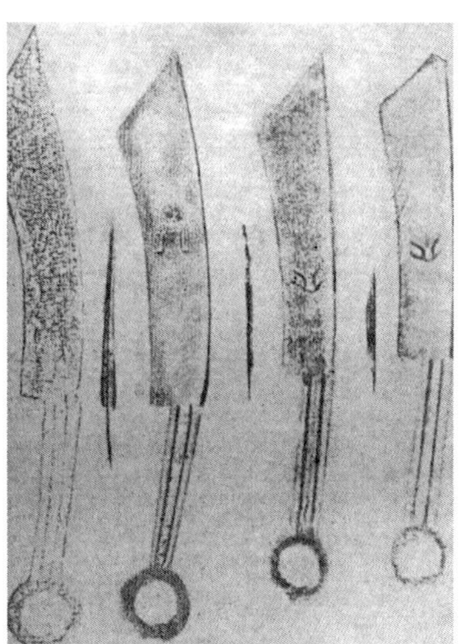

침수도와 첨수도의 모습
張弛, 「尖首刀若干問題初探」

참고로 앞에서 발해통보 이야기를 했으니 이와 더불어 『삼국사기』
최치원전에 나오는 발해 관련 기록을 살펴보는 것도 좋겠습니다.

"고구려의 유민들을 모아서 태백산을 의거하여 국호를 발해라 하고, 개원 20년에 중국에 원한을 가지고 군사를 거느리고 등주를 습격하여 자사 위준을 죽이니, 이에 당나라 명황제 현종이 크게 노하여 … 군사를 일으켜 바다 건너 토벌케 하였으나 … 겨울이므로 눈이 깊이 쌓여 추위와 괴로움이 심하므로 칙명으로 회군하였다."

발해라는 나라의 성립과 유래에 대해 말하고, 또 중국 산동성을 공격하여 등주자사를 죽였다는 기록이 나옵니다. 이곳 등주는 산동반도에 위치한 지명으로 고조선 당시 제나라와 교역하던 해상 루트의 하나였는데 오늘날의 봉래 일대에 해당합니다.

여하간 발해가 바다 건너 중국을 공격하여 그곳의 자사를 죽였다는 것을 보면 발해가 어느 정도의 국력이었는지 알 수 있는 일입니다. 해동성국이라는 말도 빈말이 아닌 것입니다.

그리고 발해라는 국호를 보면 발해 연안이 고조선의 주요 활동 무대와 깊은 연관이 있지 않나 하는 그런 생각도 해보게 됩니다. 실제로 한나라 무제가 조선을 치기 위해서 제에서 배를 띄웠다는 바다도 바로 발해였기 때문입니다.

고조선도 우리의 역사에서 '타살'되었지만 발해 역시도 우리의 역사에서 '타살'된 것은 아닌지 모르겠습니다. 발해를 찾아야 고구려가 완성되고 더욱 '부여'도 회복할 수 있습니다. 특히 현재의 중국 길림성과 흑룡강성 일대를 우리가 고대의 부여로 보고 있기에 더욱 중요한 일입니다.

부여의 강역고

명도전은 고조선의 화폐라는 주장을 접하면서 현행 고등학교 국사 교과서를 살펴보니 명도전에 대해 실제로 "춘추 전국 시대 연나라와 제나라에서 사용한 청동 화폐이다"는 설명이 나옵니다.

그런데 제가 이번에 장박천 교수의 명도전 논문에서 원절식 명도전은 조선후(朝鮮侯)의 화폐라는 주장을 접하고, 국사 교과서를 다시 생각해보게 되었습니다. 교과서의 잘못이라고 하기에는 다소 무리이지만 적어도 새로운 국사 교과서를 준비할 시대가 왔다는 인상을 받았습니다.

최근 명도전과의 기연으로 말미암아 고조선과 발해 그리고 고구려를 거쳐 부여까지 오게 되었는데, 중국의 역사학자 장박천 교수의 논문을 번역 해설하다보니 장 교수의 다른 논문을 보게 되었습니다.

그중에 흥미로운 것이 「부여의 지리 환경과 강역[夫餘的地理環境與疆域]」(『北方文物』(第2期)(1998)이라는 논문인데, 이것이 왜 저의 관심을 끌었는가 하면 부여의 강역에 대한 설명 때문이었습니다. 먼저 부여에 대한 우리 고등학교 국사 교과서의 설명을 보겠습니다.

"부여는 이미 1세기 초에 왕호를 사용하였고, 중국과 외교관계를 맺는 등 발전된 국가의 모습을 보였다. 그러나 북쪽으로는 선비족, 남쪽으로는 고구려와 접하고 있다가 3세기 말에 선비족의 침략을 받아 크게 쇠퇴하였고, 결국에는 고구려에 편입되었다."

바로 여기서 북쪽으로 선비족과 접했다고 하는 대목입니다. 선비족을 북으로 접하든 동으로 접하든 무슨 상관이냐 생각하시는 분들은 괜찮습니다. 그러나 강역를 살피는 이들에게는 중요한 문제입니다.

저는 우선 이 "북쪽으로는 선비족과 접하고 있다."는 국사 책의 설명이 다소 이상하지 않은가 생각합니다. 왜냐하면 『삼국지·위지·동이전』의 부여 조에는 "남쪽으로는 고구려, 동쪽으로는 읍루, 서쪽으로는 선비와 접하고 있다."고 나오기 때문입니다.

남여고구려, 동여읍루, 서여선비족
(南與高句麗, 東與挹婁, 西與鮮卑族)

국사 교과서의 설명대로 선비족과 접한 것은 북쪽이 아니라 서쪽인 것이지요. 그렇다면 『삼국지·위지·동이전』의 기록에는 북쪽에 무엇이 있었다고 하였을까요?

북유약수(北有弱水)

그렇습니다. 북쪽에는 약수가 있다고 하였습니다. 약수(弱水)란 어디를 말할까요? 장박천 교수는 약수가 바로 오늘날의 흑룡강이라고 주장하고 있습니다. 송화강도 아니고 흑룡강 말입니다. 여기에 대해서는 길림대학 고고학과 임운(林澐)의 논문 「부여사지재검토(夫餘史地再探討)」(『북방문물』, 1999)에서 비판이 제기된 바도 있습니다. 여하간 부여가 선비족과 접한 경계는 북쪽이 아니라 서쪽인 것입니다.

선비족과 서쪽으로 접하고 있다는 사실은 연나라와의 강역 고증 때문에라도 중요합니다. 그러니까 교과서의 북쪽으로는 선비족과 접했다는 설명을 소홀하게 여기고 그냥 지나쳐 버려서는 안 됩니다.

최근 드라마 「대조영」과 「주몽」 등이 한창 유행인데 발해의 근원은 고구려, 고구려의 근원은 부여에 있다고 한다면 부여에 대해 보다 관심을 가져야 할 것입니다. 『삼국사기』에 활 잘 쏘는 것을 주몽이라고 한다는 말도 바로 부여의 속어에 그렇다는 것입니다.

부여속어, 선사위주몽
(夫餘俗語, 善射爲朱蒙)

우리가 지금까지 주몽을 활 잘 쏘는 사람이라는 뜻으로 알고 있는 것도 바로 부여어에서 온 것이므로 부여에 대한 관심과 고증이 절대적으로 필요한 것이지요.

기회가 되면 『북방문물』(제4기)(2004)에 실린 발해의 언어에 대한 논문도 소개할 예정입니다. 발해의 언어는 고구려어나 말갈어 그리고 고구려어와 말갈어는 다시 부여어와 깊은 연관이 있을 것이므로 고찰이 반드시 필요한 일입니다.

그런데 흥미로운 것은 부여의 위치에 혼동을 일으킬 소지가 역시 『삼국지·위지·동이전』 부여조에 나온다는 것입니다.

> "부여는 원래 현도군에 속한다. 한말, 공손도가 발해 이남지역에 세력을 확장하여 이민족들을 위엄으로 굴복시켰고, 부여왕 울구태를 다시 요동군에 복속시켰다. 이 당시 고구려와 선비가 강성하였는데 공손도는 부여가 두 적 가운데 위치하고 있다고 생각하고 종실의 딸을 울구태에게 시집보냈다."(김원중 역, 『삼국지』)

여기서 "공손도가 발해 이남지역에"라고 번역한 부분은 검토가 필요한데 원문에는 "공손도웅장해동(公孫度雄張海東)"이라고 나오기 때문입니다. "발해 이남지역에"라고 김원중 교수가 옮긴 이유가 궁금합니다.

어하간 부여가 강성한 고구려와 선비의 '사이'에 있었다는 것입니다. 물론 여기서의 '사이'도 반드시 양자의 거리나 방위상의 사이보다도 단순히 '틈바구니'라고도 해석할 여지는 있습니다. 방위를 정하기 모호한 대목이며 사실 기준을 제대로 파악해야 하므로 어려운 문제입니다.

또 『진서』의 부여 기록에는 선비와 접하고 있는 방향이 서쪽이 아니라 남쪽이라는 것입니다. 그러니 방위 잡기가 얼마나 어려운 일인지 알 수 있고, 또 그만큼 착오가 발생하기 쉬운 부분입니다. 『후한서』나

『삼국지』와 달리 『진서』는 서쪽으로 선비와 접한다고 했으니 아마 시대의 흐름을 반영한 것은 아닌지 모르겠습니다.

한편 공손도가 요동태수가 된 것은 우리가 연의(演義) 『삼국지』에서도 익히 잘 알고 있는 '동탁' 시절에 동탁의 중랑장으로 임명된 같은 군 출신 '서영(徐榮)'이라는 이가 공손도를 요동태수로 추천한 것입니다.

「공손도전」을 보면 이 같은 내력이 잘 나와 있고 또 그가 동쪽으로 고구려를 치고 서쪽으로는 오환을 공격하여 위세가 해외(海外)까지 이르렀다고 나옵니다. "동쪽으로 고구려, 서쪽으로 오환"이라는 대목을 통해서도 공손도가 있었던 요동의 위치를 엿볼 수 있습니다.

그런데 여기서 공손도를 요동태수로 추천했다는 서영이라는 인물에 대해 좀더 살펴볼 필요가 있습니다. 모종강본 『삼국지』 제6회를 보면 궁궐에 불을 지르고 떠난 동탁의 뒤를 조조가 쫓는데 바로 서영의 부대가 등장하기 때문입니다.

> "조조는 허둥지둥 말에 채찍을 가하며 길을 뚫고 달아나다 정면으로 서영과 마주쳤다. 조조는 몸을 돌려 달아났다. 서영은 활을 쏘아 조조의 어깨를 맞혔다. 조조는 화살이 박힌 채 도망갔다."(정소문 역, 『삼국지』)

조조를 거의 죽음 일보 직전으로 몰아간 장면이 등장합니다. 실제로 『삼국지·위지·무제기』에도 조조가 형양의 변수에서 동탁의 장군 서영과 교전하였다는 기록이 나옵니다.

"조조는 곧 혼자서 병사들을 이끌고 서쪽으로 성고를 점령하려고 했다. 장막만이 장군 위자에게 병사를 나누어 주어 조조를 따라가도록 했다. 이들은 형양 변수에 이르러 동탁의 장군 서영과 교전하였으나 패하여 병사들 가운데 대다수가 죽거나 부상을 당했다. 조조는 화살[流矢]에 맞았으며, 타고 있던 말도 부상을 입었다. 사촌동생 조홍이 자기 말을 조조에게 주었으므로, 조조는 밤에 몰래 빠져 나갈 수 있었다."(김원중 역, 『삼국지』)

이상으로 간략히 국사 교과서의 부여 강역과 사서의 기록을 비교해 보았고 부여와 요동 그리고 연나라의 강역에 대해서는 다시 사서의 기록을 추적해서 고증해보겠습니다. 그러면 우리의 주제인 장박천 교수의 명도전 관련 논문으로 돌아와 보겠습니다.

2. 원절식(圓折式) ♪ 문양 명도전의 조선후국(朝鮮侯國) 화폐설

"3가지 종류의 도전(刀錢)에 대한 연구 중 첨수도에서 원절식까지를 일종의 화폐 개혁과 화폐 문양의 통일된 조치로 간주하는 것에 대해 나는 인식을 같이 한다.

그러나 원절식 명도전이 도대체 연나라 화폐인지 아니면 동북의 기자 이후 조선후국(朝鮮侯國)의 화폐인지에 대해서는 마땅히 거론하고 연구할 문제이다. 나는 아래의 3가지 방면의 논증을 통해 첨수도는 고죽후(孤竹侯), 기후(箕侯) 때 이미 있던 화폐이며, 원절식 명도전은 마땅히 조선후국(朝鮮侯國)의 화폐로 보아야 한다고 생각한다."

고천회와 조선고고학연구

명도전에 대해 이렇게 장편의 연재를 하게 되리라고는 생각하지 못했습니다. 이런 것을 보면 『교육마당21』(2006)에 실렸던 「명도전은 고조선 청동화폐」라는 글에서 제가 받은 충격이 상당히 컸던 모양입니다. 유 엠 부찐의 고조선 지도와 명도전 출토 유적이 지금도 눈에 선합니다.

저도 제가 왜 이 같은 명도전 관련 글을 쓰고 있고 또 장박천 교수의 논문을 그것도 해당 분야 전공자도 아니면서 풀이하고 있는지 더욱 모르겠습니다. 세상에는 이상한 일도 많은 것입니다.

과거 학창시절 국사 시간에 배운 명도전은 중국 연나라의 화폐였는데 바로 이 같은 기존의 고정 관념을 조금이라도 바꿀 수 있다면 그래서 고조선에 대한 새로운 인식을 심어줄 수 있다면 그것으로 좋겠습니다.

오늘은 서울시립대 박선미 선생의 논문을 다시 보면서 명도전이 우리가 생각하는 옛 고조선의 영토와 평안북도 지역에서 출토되었는데, 왜 지금까지 명도전에 관한 연구가 거의 없었을까 하는 그런 의문이 들었습니다. 이것도 일제식민사학의 영향 때문은 아닌가 하는 의심이 들은 것입니다.

왜 일제는 우리 조선 민족이 스스로 화폐를 사용할 수 있는 경제의 주체라는 사실에 침묵을 강요했던 것일까요? 왜 명도전은 중국 연나라의 화폐이며 조선에서 발견되는 명도전은 중국의 영향을 받은 것이라고 고대사 인식을 가져왔던 것일까요? 또 금융 주체의 상실은 우리 민족에게 어떤 경제적 수탈을 가져온 것일까요?

고대사 자료 가운데 「夫餘考」라는 일본인의 논문과 함께 『조선고고학연구(朝鮮考古學研究)』에 실린 조선에서 발견된 명도전과 그 유적 관련 논문도 보게 되었습니다. 부여와 명도전 유적 연구라니 어째서 일본인이 우리 민족의 뿌리가 되는 부여와 고대 화폐인 명도전에 대한 유적 발굴을 하게 되었을까요? 의문이 끊이지를 않습니다.

명도전의 비밀을 해결하기 위해 장박천 교수의 논문을 옮기면서 관련된 자료를 찾던 어느날 저는 서점에서 『돈의 전쟁』이라는 흥미로운 제목의 책을 발견하고 묘한 예감을 받았습니다. 돈의 전쟁? 무슨 비밀이 담겨 있는 책일까? 놀랍게도 내용 가운데 다음과 같은 것이 등장하고 있었습니다.

"열국이 북만주 및 바이칼 방면으로 진출하는 것을 배제하고 점령지의 측량과 물자를 '염가로 공급'하며 금융의 정비를 도모하고 '운수 통신 보급 및 위생에 관한 지시는 별책과 같다.' 북만주와 시베리아를 일본의 식민지로 경영하고자 하는 것이다."

소위 식민지 인류학이라는 것으로 일본이 조선과 만주 탐구 프로젝트를 진행시킨 것을 말합니다. 특히 남만주철도주식회사의 용역으로 진행된 학술적 프로젝트가 상당수 있었던 것으로 보입니다. 만주의 옛 지역에 있었던 부여나 숙신 등에 대한 연구도 그 같은 작업의 일환으로 나온 것이지요.

그중에 일제의 조선에 대한 경제 침탈의 대표적인 것이 은행을 통한 화폐 통제인데 조선은행이 그 무렵 만주와 조선 일대에 여러 지점을 낸 것이 있습니다. 조선은행은 만주와 조선의 경제를 통합하려는 일제의 계획에 따라 만주에도 역점을 두고 진출했지요.

그런데 조선은행의 지점망을 지도에 표시한 것을 보니 만주는 물론이지만 적봉, 승덕 그리고 요동반도의 여순, 대련 및 산동일대의 제남, 청도가 눈에 크게 들어옵니다. 과거나 일제시대에도 교통의 요충지이자 거점 도시이기에 그런 것 같습니다. 은행 지점은 주민 경제생활과 밀접한 관련이 있겠지요.

고조선 시절에는 오늘날의 은행에 유사한 기관으로 어떤 것이 있었을까요? 화폐를 발행하고 유통시켰다면 분명 대량의 화폐를 보관하는 곳도 있었지 않았을까요? 명도전 출토 유적과 서로 상관되는 부분은 없을까요? 명도전 유적 가운데 적봉과 대련 여순 지역은 이상하리만치 중요 유적지가 겹치는 지역입니다.

실제로 명도전 유적과 일제 조선은행의 지점망 가운데도 겹치는 대목이 있습니다. 우연의 일치일까요? 제가 너무 명도전에 몰두하다보니 이 같은 것도 예사롭게 보이지 않는 모양입니다. 그러면 다시 장박천 교수의 논문을 보겠습니다. 원절식 명도전이 조선후(朝鮮侯)의 화폐라는 것을 보이기 위해 3가지 예증을 시도하고 있습니다.

"첫째, 역사의 발전과 변천 과정을 통해 볼 때 첨수도와 원절식 도전은 주조 지역이 모두 동북 지역이다. 은나라가 고죽국을 봉한 것은 지금의 하북성 노룡현인데, 출토된 고죽의 기(器)로 보아서 관할 범위는 지금의 요하 이서 지역을 포함한다. 이 지역은 옛날에 '우이(嵎夷)'라고 불렀다."

그런데 흥미로운 것은 '우이'에 대한 풀이를 보면 산동성 등주의 고칭(古稱)이라는 설명이 나오며 아울러 해가 돋는 곳, 일출처(日出處)라는 설명도 보입니다. 그렇다면 고죽은 동이의 한 부족으로 볼 수 있을 것입니다. 동이의 한 부족인 고죽의 봉지(封地)가 바로 지금의 하북성 노룡현이라는 것은 매우 흥미로운 대목입니다.

여기서 갑자기 식민사학, 반도사관이 떠오르는데 조선사편수회에서 발행한 자료 가운데 특이한 현상이 발견됩니다.『조선사』자료 제1편 1, 2, 3 권인데 이것을 자세히 들여다보면 1권 신라 고구려 백제 본기의 기록 외에 2권 일본사료가 등장하고 3권에 지나사료가 수록되어 나옵니다. 편집 방식이 다소 이상하지 않습니까?

그리고 지나사료 중에 특히 위나라 관구검이 고구려를 크게 공격한 장면이 클로즈업되어 있다는 느낌을 받습니다. 『삼국지 위지 동이전』은 사료로서의 가치를 일제의 '악용'이라는 측면에서 새로 분석할 필요가 있을 것입니다. 제가 명도전 관련 자료를 찾다가 우연히 알게 된 사항이라 다소 번거롭지만 언급해보았습니다.

서울시립대 박선미 선생의 논문을 보니 참고문헌에 여러 출전이 있어서 좋은 참고가 됩니다. 여기 참고문헌 가운데 일본인의 『조선고고학연구』가 나오는데 이 책에서 제가 특히 주목한 논문은 명도전과 그 출토 유적에 관한 글입니다. 참고로 이 책은 현재 국내에 영인본이 나온 것 같습니다.

제목은 『조선고고학연구(朝鮮考古學硏究)』로 "고동서원간(高棟書院刊)"이라는 기록이 보이며 저자는 일본인 "후지타 료우사쿠(藤田亮策, 1892-1960)"입니다. 국내 영인본 출판사는 "민존출판사(民存文化社)"입니다. 1982년에 영인 출판되었는데 출판사 주소와 연락처는 바뀌지 않았다면 서울 중구 오장동 139-11이고 전화는 (02) 273-0489 입니다. 그리고 이 책은 일본어에 능통한 이 분야 전공자에 의해 국내에 제대로 번역 소개되면 좋을 것입니다.

朝鮮發見の明刀錢と其遺蹟

朝鮮發見の明刀錢と其遺蹟

序言

新の王莽の鑄造に成る貨泉一枚が慶尙南道金海會峴里貝塚から發見され、爲めに朝鮮に於ける貝塚の積成は西曆紀元前後頃まで行はれて居たことが立證され、文筑前絲島郡松原幷に丹後熊野郡函石濱の彌生式系統の遺蹟からも同じ貨泉の發見があり、考古學上石器時代の研究に一時期を劃するに至つた。勿論古錢の示す年代はその鑄造年次によつて、遺蹟成立の上限を示すに過ぎないが、朝鮮半島の如く、上代に關する文獻の全く缺如せる地に在つては、鑄造年代の確實な古錢の發見は寔に貴重な研究資料であり、時代推定の唯一の手がかりともいふことが出來る。

・近時明刀錢の發見が淸川江・大同江及び鴨綠江の上流地方に於て屢々報告され、其伴出の遺物に銅器・鐵器等特異の金屬器があり、一遺蹟の發見數も夥しい數に上つて、シナ本土の夫れを凌

「朝鮮發見の明刀錢と其遺蹟」

논문의 정식 제목은 「朝鮮發見の明刀錢と其遺蹟」인데, 우리가 오늘날 보는 용연동 유적 출토 명도전 발굴에 대한 보고서도 나옵니다. 이 논문이 작성된 시점은 소화(昭和) 12년 9월 23일 이고, 이듬해인 소화 13년(1938) 3월 "岩波書店"에서 간행된 경성제국대학 문학회편, 『사학논총(史學論叢)』(7집)에 수록된 것 같습니다.

참고로 이 논문에는 명도전의 분류와 관련해서 "이좌현(李佐賢)"의 저서 『고천회(古泉匯)』도 소개되어 나옵니다. 저는 『고천회』라는 서명을 보고 고대 화폐 관련서인 것 같은데 왜 천(泉)자가 들어갔을까 하는 의문을 지녔습니다.

왜냐하면 보통 천(泉)이라는 한자는 우리 한국에서는 '샘 천'이라고 훈독하기 때문입니다. 그래서 확인해보니 천에는 샘이라는 의미 외에도 화폐를 뜻한다고 나오더군요. 고대에는 물과 화폐가 아마 흐름, 즉 유통을 상징해서 뜻이 서로 통한 모양입니다. 아니면 돈이 샘물처럼 솟아나기를 바라는 뜻에서 그렇게 이름지어진 것인지도 모르겠습니다.

여하간 일본인의 논문에서 인상적인 것으로 명도전의 국가 귀속 문제를 중국 북경대학의 "마형(馬衡)"씨 등을 언급하면서 전국 시대 연나라 경내인 역현(易縣) 연하도(燕下都)와 연나라 인접 지역 그리고 연나라의 속지(屬地)로 보이는 요동, 열하 등에서 명도전이 출토되는 것으로 보아 연나라 화폐로 추정한 그들의 주장을 따른 것이 보입니다.

문제는 또 다시 요동입니다. 과연 고대의 요동은 어디였으며 요동의 어떤 지역이 연나라의 속지였는가 등이 밝혀져야 하는 것이지요. 앞에서 고죽의 위치를 언급했는데 하북성 노룡현은 오늘날 산해관에서 중국쪽으로 들어가서 진황도와 휴양지로 유명한 북대하(北戴河)가 있는 그 부근입니다.

'북대하'라는 지명을 보니 고조선 연구의 새로운 장을 열었던 윤내현 교수가 어디선가 이 지역이 기자의 봉지라고 주장했던 기억이 납니

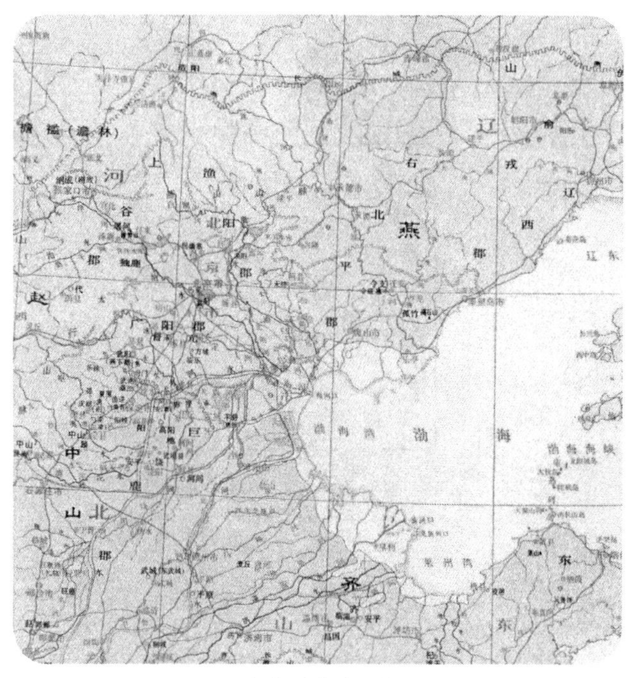

발해 연안의 모습
譚其驤 主編 『中國歷史地圖集』

다. 고죽의 오늘날의 위치에 대해서는 담기양(譚其驤) 주편(主編)의 중국역사지도책에서도 지금의 하북성 난하 부근으로 표시하고 있습니다.

담기양은 평소에 이름의 끝 자를 려(驪)와 같은 '리' 계열의 발음과 유사하려니 여기고 대략 '량'으로 독음했는데 자전에서 확인해보니 한국 한자음이 '양'로 나오더군요. 들다 또는 달리다는 뜻이 나옵니다. 담기양(譚其驤)인데 역사지도 저작서에 많이 등장하는 인물로 알고 있습니다.

제가 참고한 지도책은 『간명중국역사지도(簡明中國歷史地圖集, Concise Historical Atlas of China)』(중국지도출판사, 1991년 1판, 1996년)인데 여기서는 흥미롭게도 고죽이 난하 부근에 있습니다.

다만 우리로서는 한국 고대사 특히 고조선과 고구려의 지도상의 위치에 대해서 이 책을 전적으로 신뢰하기 어려운 면도 있습니다. 이제 또 하나의 중요한 고증이 남아 있는데 패수라는 하천의 지명과 오늘날 위치입니다. 패수에 대해서는 여러 가지 설이 있습니다.

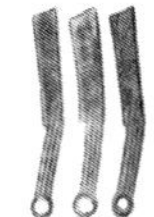

고천회의 원절 방절

고조선 연구하면 그동안 한사군의 설치와 관련해서 평양 대동강 유역을 벗어나지 못했습니다. 그런데 단국대 윤내현 교수가 고대의 요수(遼水)가 지금의 하북성 난하라는 것을 주장하여 지금의 북경 쪽으로 고조선의 강역을 확장한 대단한 사건이었고 그로부터 상고사 연구는 새로운 전환기를 마련하게 되었습니다.

그런데 이 같은 견해를 밝혀 상고사 연구의 새로운 돌파구를 마련한 윤내현 교수도 명도전만큼은 그다지 주목하지 못했던 것 같습니다. 실제로 윤내현 교수는 고조선의 강역을 청천강과 연관지어 설명하는 대목에서 고조선의 대중국교역을 언급하며 "명도전은 전국시대 연나라 화폐였다"는 것을 너무도 쉽게 일종의 방증 자료로 사용하기도 했습니다.

한사군의 위치가 한반도가 아니며 고조선의 강역이 난하 일대라는 것을 밝힌 커다란 공로가 있음에도 불구하고, 윤내현 교수가 명도전에 유의하지 않은 것은 참으로 이상한 일입니다. 분명히 과거 고조선의 강역이라고 할 수 있는 영역에서 상당수가 출토되고 있음에도 불구하고 말입니다. 어떤 비밀이 숨겨져 있는 것일까요?

고조선에 대한 기성 관념을 바꾸기가 너무도 어렵다는 윤내현 교수의 말처럼 한번 명도전이 중국 전국시대 연나라의 화폐라고 가르치고 배운 이상 우리 학생들과 기성세대의 머리 속에서 이 같은 의식을 바꾸기란 정말 어려운 작업이 아닐 수 없습니다.

얼마 전 저는 『조선고고학연구』에 실린 일본학자의 명도전에 관한 논문과 『만선지리역사연구보고서』 같은 것을 보면서 일본이 식민지 인류학을 얼마나 치밀하게 학자들을 동원하여 진행시켰는지 정말 놀라움을 금치 못했습니다. 소화 7년(1932)에 『만선지리역사연구보고서』 같은 문건이 동경제국대학 문학부 이름으로 간행되기도 했습니다.

일제 때 한국 고대사 관련 논문들을 발표한 학자 가운데 "池內宏, 津田左右吉, 수西龍" 같은 이름을 보신 분들이 많이 계실 것입니다. 이들이 만든 연구 시각에서 고대사 연구가 벗어나지 못하는 측면이 많다고 생각합니다. 무조건 이들을 식민사학이요, 역사 왜곡이라고 보는 것은 아니지만 그 전에 우리가 오늘날 발달된 고고학의 성과와 연구에도 불구하고 그들을 넘어서지 못하는 이유가 무엇일까요?

명도전이 고조선의 화폐였다는 것을 고증하려면 고구려의 화폐 연구도 필요하고, 동시대 중국의 고대 화폐에 대한 연구가 필요한데 어쩐지 우리는 화폐 연구자가 드문 것 같습니다. 실제로 거의 유일한 학위 논문이 서울시립대 박선미 선생의 것으로 보입니다.

"명도전(明刀錢)"이라는 명칭은 아마 근대에 와서 일본인이 사용한 명칭이겠지만 중국 청대 이좌현의 고대 화폐 연구서인『고천회』같은 책을 보면 "명도(明刀)"라는 용어가 이미 등장하고는 있습니다. 원절(圓折)과 방절(方折)이라는 명칭도 역시 등장하고 있습니다.

그런데 홍미로운 것은 청대『고천회』의 명도(明刀) 조항에 나온 원절과 방절은 명도전의 외적인 형태를 구분하기 위한 것이 아니라 "明" 비슷한 문양 글자 그 자체의 꺾어진 정도를 가지고 원절 방절을 논한 것입니다.

지금 고대 화폐 관련 저서인『천지(泉志)』,『고금대문록(古金待問錄)』,『고천회(古泉匯)』,『속천회(續泉匯)』,『고천회고(古泉匯考)』등의 저서를 보니 명도전 이전에 제나라 도전인 "제도(齊刀)"가 더 많이 등장하는데 그림이 사진 못지않게 선명하게 그려져 있습니다. 그러니까 청대 이전만 하더라도 제나라 도전은 상당히 언급하고 있지만 연나라 명도전이라는 것에 대해서는 그다지 상세하지 않은 것 같습니다.

명도전을 연나라 화폐로 국가 귀속을 정한 것도 지극히 근대의 일로 보이며 이 배경에는 북경대학 마형(馬衡) 등의 '명도전 연나라 화폐설'을 일본의 명도전 연구자들이 받아들인 것으로 보이고 우리가 다시 이것을 수용한 것으로 보입니다.

북경대학 마형이라는 이는 현재 정확한 확인을 해보지 않아서 잘 모르겠지만 그의 이름으로 등장하는 논문이 하나 있기에 이 분야에 관심 있는 분들의 연구에 도움이 되기를 바라는 뜻에서 소개합니다. 소화 5년(1930) 도강서원(刀江書院)에서 간행된 것으로 동아고고학, 동방고고학협회의 『고고학논총(考古學論叢)』(2)에 실린 「戈戟之研究」라는 논문입니다.

그럼 북경대학의 마형이라는 인물에 대해서는 보다 상세한 것을 찾아보기로 하고 여기서 다시 장박천 교수의 논문으로 돌아와 봅시다.

"고죽(孤竹)의 성(姓)은 묵태(墨台)씨로 이는 바로 목이(目夷)씨이다. 묵태(墨台)와 목이(目夷)는 같은 발음을 다르게 쓴 것인데, 달리 또 명이(明夷)라고 부른다. 사마천의 『사기·은본기(史記殷本紀)』에 은나라 사람의 후예에 목이(目夷)씨가 있다고 기록하였다."

그런데 묵태와 목이가 어떻게 같은 음의 다른 표기인지 중국 성운학의 성과를 빌려와야 할 것 같은데 여기서는 앞에서도 언급했지만 장박천 교수가 쓴 논문 속의 주장을 그대로 따르기로 하겠습니다. 그런데 제가 여기까지 연재를 마치고 자리를 떠났다가 돌아와서 확인해보니 방금 번역을 마친 원문에서 빠뜨린 부분이 있다는 것을 발견했습니다.

'이는 바로 목이씨이다'라는 문장과 바로 뒤에 있는 '묵태와'로 시작하는 문장 사이에 "지명으로 씨(氏)를 불렀는데"라는 대목이 누락되어 있었습니다. 그러므로 다시 연결해서 옮겨보면 이렇습니다.

"고죽(孤竹)의 성(姓)은 묵태(墨台)씨로 이는 바로 목이(目夷)씨이다. '지명(地名)으로 씨(氏)를 불렀는데,' 묵태(墨台)와 목이(目夷)는 같은 발음을 다르게 쓴 것으로, 달리 또 명이(明夷)라고 부른다. 사마천의 『사기·은본기(史記殷本紀)』에 은나라 사람의 후예에 목이(目夷)씨가 있다고 기록하였다."

제가 오늘 왜 이 이야기를 하는가 하면 번역하다가 빠뜨리고 하는 경우가 있고, 또 옮겨 적다가 누락되는 경우도 발생한다는 것을 말씀 드리고 싶어서 그렇습니다. 서양의 경우 성서 필사본을 옮겨 적다가 빠뜨린 대목이 있는 문서들이 많았고 실제로 오늘날 성서 사본을 연구하는 학자들의 말에 의하면 그런 일이 종종 발생했다는 것입니다. 저도 그 짧은 문장에서 한 문장을 빠뜨리고 옮기지 않았습니까?

그런데 더욱 흥미로운 일은 원문에서의 착오도 있을 수 있다는 것입니다. 예를 들어 위의 경우 묵태(墨台)와 목이(目夷)가 우리 한자 발음으로 보더라도 다르지 않습니까? 그래서 묵태(墨台)가 아니라 묵이(墨怡)를 잘못 쓴 것이 아닌가 하고 의문을 제기할 수도 있다는 것입니다.

"台, 怡"의 착오로 말입니다. 그러니까 원문을 쓸 때 필자가 글자를 잘못 썼다거나 아니면 책의 형태로 만들 때 글자를 잘못 사용할 수 있었다는 이야기입니다. 물론 이것은 제가 예를 들어본 것이고 여기서는 장박천 교수의 원문 그대로 묵태(墨台)라고 하는 것이지요. 그러면 번역을 계속하겠습니다.

无咎；王三湯命。六三，師或與屍，兇。六四，師左次，无咎。六五，田有禽，利執言，无咎；長子衛師，弟子輿屍，貞凶。尚六，大人君有命，啟國承家，小人勿【用】。五〇行

明夷：利根貞。初九，明夷于蜚，垂亓左翼；君子于行，三日不食；有攸往，主人有言。六二，明夷，夷于左股，用撜馬林，吉。九三，明夷，夷于南守，得亓大首；不可疾，貞。六四，明夷，夷于左腹，獲明夷之心，于出五一行門廷。六五，箕子之明夷，利貞。尚六，不明海；初登于天，後人〈〈〉于地。五二行

復：亨；出人无疾，堋來无咎；反復亓道，七日來復；利有攸往。初九，不遠復，无提愳，元吉。六二，休復，【吉】。六三，編復，厲，无咎。六四，中行獨復。六五，敦復，无愳。尚六，迷復，兇，有茲省；用行師，終有五三行大敗；以亓國。君凶。至十年弗克正。五四行

登：元亨；利見大人，勿血；南正，吉。初六，允登，大吉。九二，復乃利用禰，无咎。【九三】，登虛邑。六四，【王用亨于岐山，吉】，无咎。六五，貞吉，登階。尚六，冥登，利于不息之貞。五五行

尊：亨，小利貞。初九，休奪，吉。九二，㻮，吉，悉亡。九三，來奪，兇。九四，章奪未寧，【介】疾有喜。九【五，孚】于【剝，有屬】。尚六，景奪。五六行

馬王堆帛書周易經傳釋文　易經

『易經』明夷卦

"은나라 말기에 기자의 동천(東遷)이 있었다. 그 지역이 고죽과 가까운데 실제로 고죽의 소속 지역이었다. 『역·명이(易明夷)』에 기록되어 있기를 '기자지명이(箕子之明夷)'라고 하였다. 사서에는 '기자적조선(箕子適朝鮮)'이라고 기록되어 있다. '지명이(之明夷)'의 '之'는 '適'과 의미가 같은 것이고, 기록된 바 동일한 역사적 사실을 말한다, 즉 명이(明夷)와 조선(朝鮮)은 동일 지명의 다른 표기이다."

'갈 지(之)'와 '나아갈 적(適)'이 같은 의미라는 이야기를 하고 있습니다. 기자가 조선에 갔다는 말이지요. 그리고 묵태와 목이의 음운에 대해서는 보다 확인을 해봐야겠습니다.

고죽, 명이, 조선

제가 어제 고죽과 조선 그리고 '묵태(墨台)'와 '명이(明夷)'의 음운 고증을 잠시 내려놓고 고대사 관련 자료를 보고 있었습니다. 조선과 고죽에 대한 내용을 찾다가 우연히 김득황 김도경 공저, 『우리 민족 우리 역사』(삶과 꿈)라는 책을 들여다보게 되었습니다. 그런데 여기서도 기자와 고죽에 대한 이야기가 등장해서 깜짝 놀랐습니다.

그래서 다시 묵태(墨台)라고 했던 태(台)자를 자전에서 확인해보니 태에는 음이 "태" 말고도 "이"라는 음도 있다고 분명히 나와 있더군요. 기뻐할 이(台)로 말입니다. 그것도 모르고 저는 이(怡)자의 착오일 수도 있다고 문제를 제기했으니 조사하고 또 조사하고 아무리 조사해도 모자라지 않는다는 것을 다시 한번 깨우쳤습니다.

태(台)는 대(臺)의 약자로도 사용되는데 기뻐할 이(台)로도 사용되는 것을 알았으니 묵태라고 잘못 읽고 목이와 왜 음이 서로 맞지 않을까

하던 고민은 이제 필요 없게 된 셈입니다. 장박천 교수의 원래 논문 내용이 맞는 것입니다. 다시 번역해서 옮기면 이렇게 되겠습니다. 벌써 세 번 고쳐서 옮기니 번역은 기왕에도 어려운 일임을 알고 있었지만 또 한 번 지난한 일임을 깨닫게 되었습니다.

묵이墨台 = 목이目夷 = 명이明夷 = 조선朝鮮

김득황 선생은 고대사 복원에 힘을 쏟으신 분인데 저는 만주어 문제 때문에 이 분을 찾아 뵌 인연이 있었습니다. 그때 제게 서명해주신 책이 바로 『우리 민족 우리 역사』인데 재야 사학의 성향을 지닌 책 같고 출전의 정확성과 고증에 대한 의문 때문에 그저 역사수필처럼 여기고 흥미롭게 읽었던 기억이 납니다. 이번에 고죽과 관련해서 문득 이 책이 생각나서 펼쳐보니 유주자사 이야기도 등장하고 북경 일대의 고구려영이라는 곳에서 찍은 사진도 있어서 묘한 감회가 들었습니다.

그런데 바로 그 김득황 선생의 글을 얼마 전 초창기 『백산학보』에서 다시 발견하고는 눈에서 비늘이 떨어지는 기분이 들었습니다. 원래 김정배 교수의 「濊貊族에 關한 硏究 A Study of Ye Maek(濊貊) Tribe」(제5호)(1968.12)라는 논문을 찾다가 창간호인 1966년도에 실린 김득황 선생의 「환도의 회상」이라는 글을 발견한 것인데 알 수 없는 감동을 맛보았습니다. 어째서 김득황 선생의 글이 『백산학보』에 실리게 되었을까요? 의문을 잠시 거두어 두고 다시 장박천 교수의 논문을 보겠습니다.

"그러므로 『후주문기·주농우총관장사증태자소보두노공신도비(後周文紀周隴右總管長史贈太子少保豆盧公神道碑)』에 '조선미자지봉(朝

鮮微子之封), 고죽백이지국(孤伯竹夷之國)'이라고 기록되어 있다.(『유개
부집(庾開府集)』에 같은 기록이 있다) 신도비명(神道碑銘)에 또 이르
기를 '조선건국, 고죽위군(朝鮮建國, 孤竹爲君)'이라고 하였다. 여기 이
조선이 바로 목이, 명이의 지역인 것이다. 요녕 객좌에서 이미 기(箕)
의 기물(器物)이 출토되었는데 이 지역이 고죽과 근접하므로 더욱 이
것을 증명해준다고 하겠다."

欽定四庫全書　卷六

本傳及碑中
止云贈少保

君諱永思字某昌黎徒何人本姓慕容燕文明帝皝之
後也朝鮮微子之封孤竹伯夷之國漢有四城秦為一
候其先保姓受氏初在柳城之功開國承家始静遼陽
之亂自天市星妖連津兵覆尚書府君改姓豆盧筮仕
于魏祖代左右將軍魏文皇帝直寢父長少以雄略知
名不幸早世周朝以公兄弟佐命義存追遠保定二年
有詔贈柱國大將軍涪陵郡公是知春雨潤木自葉流

『후주문기(後周文紀)』

為銘曰

朝鮮建國孤竹為君地稱高柳〔見辛…〕〔晉書載慕容威碑 山名密雲 記慕容〕

兊稱藩於石季龍請兵討段〔趙世家齊安平〕

遼季龍至徐無遼奔密雲山遼陽趙裂〔君田單將趙師〕

而攻燕拔之燕世家秦攻拔我薊燕王亡〔見〕

徒居遼東秦拔遼東虜燕王喜卒滅燕〔武遂秦分紀〕

寶珪世冑雕戈舊勳〔千弘〕〔見滕王〕〔王序〕〔見傷王〕〔司徒〕名稱賓實〔高士 傳許〕

由曰名者言謂身文〔左傳介之推曰〕〔言身之文也〕挺此含章〔見齊王 憲碑〕

實之賓

降茲岐嶷匐克岐克嶷〔詩大雅誕實匍〕有犯無隱〔有犯而無隱〕〔禮記檀弓事君 王〕

道正直〔尚書洪範無反無側王道正直〕惟愛惟敬〔見步陸〕永成悅色〔記〕

欽定四庫全書　庚開府集箋註

祭義孝子之有深愛者必有和氣有和
氣者必有愉色有愉色者必有婉容　枕藉禮闈〔漢酷吏傳〕

『유개부집전주(庾開府集箋註)』

다양한 출전이 등장하는데 이에 대한 상세한 고증을 하려니 확인할 시간조차 부족합니다. 보충은 틈나는 대로 하도록 하고 우선은 장박천 교수의 논지만 전개하도록 하겠습니다. 한 가지 여기서 미자(微子)에 대해 간단히 소개를 하면 은나라 주왕의 서형(庶兄)으로 미는 국명이고 자는 작위라는 설명이 있습니다.

"주활(朱活)은 첨수도 표면에 있는 (竹)、 (冊)、 (魚) 등 국족[國族]의 명칭에 근거하여 불렀다. 요서에서 출토된 고죽(孤

竹), 기(箕), 어(魚) 등의 청동기는 시간적으로 은나라 말기에서 서주(西周)에 속한다. 첨수도의 시기는 연구에 의하면 아마도 춘추 이전 내지 춘추시대에 연장(延長)되는 것으로 보인다. 진철경(陳鐵卿)의 분석에 의하면 원절식도(圓折式刀)의 명(明)자는 본래 첨수도를 따른 것으로 첨수도 표면에서 이 '명(明)'자는 여러 문자를 표기하는데 통용하던 것의 일종이므로, 이 명(明)자가 연나라 도읍의 명칭이라는 것은 불가능하다."

그러니까 첨수도에 이미 명(明)자가 등장하는데, 이때의 명(明)자는 진철경(陳鐵卿)의 연구에 따르면 연나라 도읍 명칭을 의미하는 것으로 볼 수 없다는 것입니다.

"이것에 의해 주활(朱活)의 연구를 결부시키면, 첨수도가 통용될 때 '명(明)'자는 당시의 지역 명칭으로 고죽, 기, 어 등의 국족(國族)이 명이(明夷) 지역에서 이미 첨수도를 사용하고 있었고, 동북의 도전은 응당 여기에서 기원했다는 것을 설명해주고 있다."

그런데 앞에서 묵이(墨台)와 목이(目夷)를 보충하자면 한국 한자음으로 묵이와 목이, 즉 묵과 목이 서로 다릅니다. "이"는 우리 음으로도 "이"로 같지요. 그런데 묵과 목에서 하나는 모음이 우이고 하나는 오인데 왜 같은 음으로 보는 것일까요? 중국 현대음에서도 묵은 mo 이고 목은 mu 이니 마찬가지입니다. 그러나 중국 고대음에서는 이 두 자가 서로 유사한 음을 다르게 표기한 것으로 본다는 것입니다.

참고로 앞에서 언급한 김정배 교수의 논문은 예맥에 관한 논문인데 제가 이 논문을 찾아보려고 했던 이유의 하나가 『삼국지·위지·동이전』에 등장하는 부여조에 "부여왕이 사용하는 도장에 새겨진 문자에는 예왕의 도장이라고 되어 있으며 나라에는 예성이라고 부르는 옛 성이 있다고 한다. 이곳은 아마 본래 예맥 지역이었을 것이고 부여는 예맥 백성들 속에서 왕으로 군림하면서 스스로 도망한 사람이라고 한 것이니 이것은 있을 수 있는 일이다."는 대목 때문이었습니다.

고려나 발해는 그 뿌리를 고구려에 두고, 고구려는 그 기원을 부여에 둔다면 부여의 기원은 아마 예맥 지역에서 나온 것은 아니었겠나 하는 생각 때문입니다. 결국 우리 민족의 기원과 한국 민족 형성 과정에 대한 추적 때문인 셈이었지요.

홍미로운 것은 바로 이 대목에 대해 『삼국지·위지·동이전』 배송지의 주에 어환의 『위략』이 인용되어 나온다는 사실입니다. 그 인용 내용은 활 잘 쏘는 동명이 부여에서 수도를 세우고 왕이 되었다는 것입니다. 왜 부여와 관련된 동명 고사가 여기에 등장할까요?

더욱 홍미로운 것은 동명이 달아나다가 시엄수에 이르러 활로 물을 치자 물고기와 자라가 등장하여 다리가 되어 주었다는 것입니다. 물고기와 자라가 설화처럼 등장하지만 당시에 동명이 건너려고 했던 시엄수라는 곳이 평소에도 수량과 어족 자원, 특히 물고기와 자라 종류가 많이 어획되던 곳은 아니었나 하는 생각도 해봅니다.

이 뒤를 이어 등장하는 것이 『삼국지·위지·동이전』의 고구려 조항입니다. 여기에서도 예맥이 등장하는데 이때는 고구려의 남쪽과 경계를 접한 것으로 조선과 예맥이 동시에 등장합니다. 고구려의 남쪽 경계에 조선 예맥이 있었다는 것이지요. 그렇다면 여기 조선과 예맥은 무엇일까요?

또 예맥에 대해서는 동옥저 조항에도 북쪽은 읍루 부여와 남쪽은 예맥과 접하고 있다는 기록이 나옵니다. 그런가 하면 다시 옥저가 이전에 이맥(夷貊)의 침입으로 고구려의 서북쪽으로 옮겼다는 기록도 보이는데 여기 나오는 이맥과 예맥은 어떤 관계에 있을까요?

연나라와 고조선의 화폐개혁

3고구려의 화폐 정황도 고증하기 어려운 상태인데 고조선의 화폐라니 더욱 어려움이 많습니다. 특히 명도전에 대해 연나라 화폐라는 설이 아직도 강하기에 고조선의 화폐라고 주장하기에는 보다 세밀한 고증이 필요합니다. 장박천 교수의 이 논문도 완전한 분석이라고 보기에는 곤란한 면이 있습니다. 그도 당시에 주어진 자료의 한계가 있었을 것입니다. 지난 번에 이어서 장박천 교수의 논문을 우리말로 계속 풀어보겠습니다.

"기자의 국가 명칭은 기후(箕侯)로 대략 서주에서 춘추 사이이다. 기자의 후대에 비로소 기후를 조선후로 바꾸어 부르기 시작했다. 원절식도는 응당 춘추에서 전국 초기로 조선후국의 출현 이후인데, 지명(地名)인 명이(明夷, 조선)를 국명(國名)으로 고치게 되자 화폐 개혁을 단행하고, 도전의 표면도 '명(明)'자 문양으로 통일하여 사용하기 시작했을 것이다."

여기서 화폐 개혁의 시기와 이유에 대해 약간의 설명을 하고 있습니다. 오늘날의 화폐 발행과 비교하기에는 무리가 뒤따르지만 고조선 당시에도 화폐의 표면에는 통용 국가 또는 사용 민족 등의 주체를 새기고 단위를 나타내는 문양을 표시했을 것으로 판단됩니다.

장박천 교수는 첨수도에 나타난 명(明)자 문양이 처음에는 여러 지역 명칭 가운데 하나였지만 나중에 조선후로 국명이 바뀌어 불리게 되자 명이(明夷)의 명(明)자를 국가의 상징으로 도전의 표면에 일관되게 표시한 것으로 보고 있습니다. 그 다음은 후한 말 주석가들의 주(注)에 착오가 있었음을 밝히는 대목입니다.

> "후한 말 주석가 응소(應劭), 고유(高誘)는 모두 당시의 낙랑(樂浪)이 조선후국(朝鮮侯國)의 소재지, 즉 기자가 동천한 지역이라고 주를 달았는데, 사서의 기록에 근거하면 이것은 잘못된 주, 즉 오주(誤注)이다. 『사기·조선열전』에 '全燕 때로부터 진번 조선을 略屬하여 관리를 두고 障塞를 축성하였다(自始全燕時, 嘗略屬眞番朝鮮, 爲置吏, 築鄣塞).'『한서·조선열전』의 기록도 이와 같다.
>
> '全燕'이라는 것은 전국시대 연나라의 전성기를 말한다. 진번, 조선을 '略屬'하였다는 것은 진번과 조선의 영토를 점령하여 자신들의 것으로 복속시켰다는 것이다. 『박물지잡설』에 기록되어 있기를 '기자가 조선에 거했는데 그후 연나라가 정벌하니 조선이 망입해(亡入海)하여 선국사(鮮國師)가 되었다(箕子居朝鮮, 其後燕伐之, 朝鮮亡入海爲鮮國師(君)).'
>
> 여기에 등장하는 조선은 국명을 기후에서 조선후로 고친 뒤의 조선이다. 연나라의 공격을 받은 후 진번 조선이 연나라에 귀속되자 조

선은 이미 나라를 잃고 망입해(亡入海)하였다. 해중(海中)은 반도(半島)를 가리키는데, 즉 『한서지리지』의 낙랑조선을 말한다."

史記卷一百一十五

朝鮮列傳第五十五

【集解】張晏曰：「朝鮮有濕水、洌水、汕水，三水合爲洌水，疑樂浪、朝鮮取名於此也。」【索隱】反。鮮音仙。以有汕水，故名也。汕一音訕。

朝鮮【一】王滿者，故燕人也。【二】自始全燕時【三】嘗略屬眞番、【四】朝鮮，【五】爲置吏，築鄣塞。秦滅燕，屬遼東外徼。漢興，爲其遠難守，復修遼東故塞，至浿水爲界，【六】屬燕。燕王盧綰反，入匈奴，滿亡命，【七】聚黨千餘人，魋結蠻夷服而東走出塞，渡浿水，居秦故空地上下鄣，【八】稍役屬眞番、朝鮮蠻夷及故燕、齊亡命者王之，都王險。【九】

【一】【正義】潮仙二音。括地志云：「高驪都平壤城，本漢樂浪郡王險城，又古云朝鮮地也。」

【二】【索隱】案漢書，滿，燕人，姓衞，擊破朝鮮而自王之。

【三】【索隱】始全燕時，謂六國燕方全盛之時。

【四】【集解】徐廣曰：「一作『莫』。遼東有番汗縣。番音普寒反。」【索隱】徐氏據地理志而知也。汗音寒。

『사기』

博物志校證　卷九

296　《神仙傳》曰：「說上據辰尾爲宿，歲星降爲東方朔。傅說死後有此宿，東方生無歲星〔八〕。」

297　曾子曰：「好我者知吾美矣，惡我者知吾惡矣。」

298　思士不妻而感，思女不夫而孕。后稷生乎巨跡，伊尹生乎空桑。

299　箕子居朝鮮，其後伐燕，之朝鮮〔九〕亡入海爲鮮國。師兩妻墨色，珥兩青蛇，蓋勾芒也〔一〇〕。

300　漢興多瑞應，至武帝之世特甚，麟鳳數見。王莽時，郡國多稱瑞應，歲歲相尋，皆由順時之欲，承旨求媚，多無實應，乃使人猜疑。

301　子胥伐楚，燔其府庫，破其九龍之鍾。

302　蓍一千歲而三百莖，其本以老，故知吉凶。蓍末大於本爲上吉，蓍必沐浴齋潔食香，每日望浴蓍〔二〕，必五浴之。浴龜亦然。明夷曰：「昔夏后筮乘飛龍而登于天。而牧占四華陶，陶曰：『吉。』昔夏啓筮徙九鼎，啓果徒之。」

303　昔舜筮登天爲神，牧占有黃龍神曰：「不吉。」武王伐殷而牧占蓍老，蓍老曰：「吉。」桀筮伐唐，而牧占熒惑曰：「不吉。」昔鮌筮注洪水，而牧占大明曰：「不吉，有初無後。」

304　蓍末大於本爲卜吉，次蒿，次荊，皆如是。龜蓍皆月望浴之。

305　水石之怪爲龍罔象，木之怪爲蘷罔兩〔三〕，土之怪爲獖羊，火之怪爲宋無忌。

『박물지』

연나라가 가장 강성한 때는 연나라 소왕(BC 311~BC 279)으로 이때 고조선을 침략한 기록이 나타납니다. 부하 장수 진개를 시켜 고조선의 서쪽을 침략했다는 것이 바로 그것인데 이 때의 고조선의 서변 경계가 어디였는가는 여전히 사학계의 논란거리이기도 합니다. 왜냐하면 여기서 바로 그 유명한 "패수"가 등장하기 때문입니다.

그리고 위 논문에서 한 가지 문제가 되는 것이 있는데 '낙랑조선'입니다. 물론 장박천 교수는 낙랑조선을 바다로 들어가서 이동한 한반도의 어느 지역을 말하는 것 같은데 아마 대동강과 평양 일대의 "낙랑"을 말하는 것인지요? 여기서 낙랑을 한반도로 보는 것은 또 다른 과제를 야기하므로 일단은 논문에 즉해서 풀어나겠습니다.

왜냐하면 나라를 잃고 망해서 또는 달아나서 바다로 들어갔다고 되어있지 바다 건너 어느 지역이라고는 언급된 바가 없기 때문입니다. 물론 『삼국지·위지·동이전』에 위만에 패한 조선왕 준이 "주입해, 거한지(走入海, 居韓地)"했다는 기록과 『삼국유사』 기이편 마한조에 "월해이남지한지(越海而南至韓地)"라는 기록이 보입니다.

참고로 낙랑 일대의 유적지에서 출토된 「낙랑봉니인(樂浪封泥印)」 등이 위조품이라는 일본인의 견해도 있었다는 것을 언급하고 싶습니다. 이것은 조선총독부의 한국고대사 왜곡과도 관련이 있다고 생각됩니다. 앞으로 이런 것에 대해서도 상세하게 검토할 기회가 주어졌으면 좋겠습니다.

"이렇게 본다면 아직 연나라에 의해 침략당하기 이전의 조선후국은 마땅히 '요동'에 있고, 연나라가 조선을 침략한 이후에는 원래 조선이 있었던 지역에 '요동군'을 설치한 것이다. 그러므로 진번은 요동군 밖의 장새지역이 되며 서쪽으로 요동군과 접해 있었다. 낙랑은 요동 동남쪽에 있었는데, 연나라는 조선이 망입해(亡入海)한 낙랑지역을 '자신에게 복속시킨[已屬己]' 적이 없었던 것이다.

　이렇기 때문에 나는 원절식 도전 이후에 출현한 방절식 도전이 바로 연나라 화폐이며, 연나라 경내에서 생산되어 연나라가 진번 조선을 점령한 이후에는 그곳으로 전입되었다고 보는 것이다. 방절식 도전의 시기는 전국시대 중기에서 연나라 멸망까지로 시간상의 분석과도 서로 들어맞는다.”

여기까지 대강 정리를 하자면 이런 것입니다. 고죽 시기에는 첨수도의 시기이고 그후 조선후국의 시기에 원절식 도전이 등장했으며 다시 연나라가 조선을 침략한 이후에는 방절식 도전이 전파되었다는 것입니다.

여기서도 역시 논문 내용 가운데 주요 시각이 드러나는데 연나라의 침략을 받기 전의 조선이 ‘요동’에 있었다고 보는 관점입니다. 장박천 교수는 요동이 요동군의 설치 지역이며 오늘날 요녕성의 ‘요하’ 동쪽으로 보는 것 같습니다. 조선과 진번의 ‘요동’ 위치에 대해서는 보다 검토가 필요한 대목입니다.

이와 관련해서 참고할 만한 국내 학자의 논문이 있는데 복기대 박사의 「臨屯太守章 封泥를 통해 본 漢四郡의 위치」입니다. 이 봉니 유물이 발굴 조사된 지역은 오늘날 요녕성 금서시 연산구로 요하의 서쪽 즉 요서 지역인 바 고대의 한사군이 요서 지역에 설치되었다는 것을 증명해줄 유력한 증거의 하나인 셈입니다.

국사교육과 고조선

얼마 전 국사 과목이 동북아 정세의 변화와 여론에 힘입어 독립 교과로 지정되고 수능시험에도 강화된다는 보도가 있었습니다. 중국의 동북공정과 일본의 독도 침탈 때문에도 이 같은 경향은 더욱 지지를 받았던 모양입니다. 왜 국사가 그렇게 중요한 것일까요?

제가 명도전에 무언가 귀신이 씌여서 지금까지 장박천 교수의 명도전 관련 논문을 번역 연재하고 있는데, 그 과정에서 만난 고조선에 대한 인식은 극과 극을 달리하고 있다는 인상을 받았습니다. 전에도 한 차례 언급했지만 소위 강단과 재야라는 양극단적인 입장이 바로 그것입니다.

강단에서도 고조선에 호의적이면 재야로 공박당하기 일쑤입니다. 대표적인 사학자가 중국 고고학을 하버드에서 연구하고 돌아온 단국대 윤내현 교수입니다. 윤내현 교수는 원래 한국 고대사 전공자도 아니지요. 이것은 매우 특이한 현상이었습니다.

　중국 고대사 전공의 학자가 한국 고대사 그것도 고조선에 대해 새로운 주장을 하였으니 비판이 많았지요. 어제 오늘 소개하는 단군 조선 관련서도 그 양극단의 또 하나의 좋은 예일 것입니다.

　서울대 국사학과 출신 고조선 연구가로는 현재 한국교원대의 송호정 교수가 있습니다. 강단에 있는 사학자의 입장을 대표하고 있다는 인상을 받게 되는데『단군, 만들어진 신화』가 바로 그것입니다.

　재야에서는 서울대 국사학도들이 이병도 사학의 영향과 경성제대의 뒤를 이은 탓으로 고조선에 대해 언제나 회의적인 시각을 보여왔다고 주장하는데 이것도 짚고 넘어가야 할 사항입니다.

　왜냐하면 서울대 국사학과 이병도 후학들도 무조건 식민사학의 입장만은 아니고 나름의 논리로 최선을 다한 연구이니 말입니다. 그런데 보다 근본적인 문제는 중국 측 연구결과를 주로 활용하다보니 알게 모르게 중국 중심으로 기술한 역사인식의 영향을 받게 되는 면이 보인다는 것입니다.

　참고로 고조선 연구의 강단과 재야를 언급하려니 흥미로운 것이 떠오르는데 80년대에 고조선 연구의 새로운 불씨를 지핀 윤내현 교수의 한국 고대사 관련 저서입니다. 윤내현 교수를 배출한 단국대는 이름에서 이미 고조선 연구를 암시하는 단어가 들어 있습니다. 단국(檀國), 즉 단군의 나라라는 뜻인데 우연의 일치치고는 기이한 일이 아닐 수 없습니다.

　그리고 또 한 가지 이병도 박사와 최태영 선생의 고대사 공저인데 내용 중에 고조선의 서변 경계가 윤내현 교수가 언급했던 난하 유역으로 확장되어 있다는 점입니다. 이병도 박사하면 한사군의 한반도내 설치와 고조선의 세력이 한반도 중심이었다는 학설의 대표적인 주창자 아니었습니까? 고조선에 대한 연구도 이렇게 세월에 따라 변해가고 있습니다.

　이와 함께 또 우연의 일치인지는 모르나 한국 고대사 연구 분야에서 이름난 "서 교수" 세 분이 계신데, 고조선의 서영수, 고구려의 서길수, 발해의 서병국 교수 트리오가 바로 그것입니다. 여담이지만 저는 처음에 이 세 분의 이름을 혼동했습니다. 여기에다 서영대 교수도 포함하면 한국사에서 "서 교수"의 파워도 상당합니다. 물론 이것도 우연의 일치겠지요.

　장박천 교수의 논문을 번역하며 명도전 관련 논저를 살펴보니 서울시립대 박선미 선생의 논문과 송호정 교수의 논저를 읽어보지 않을 수 없더군요. 그중에 특히 박선미 선생의 논문은 고조선 강역에 대한 강단과 재야의 벌어진 간극의 중간지대 성격을 지니는 것이라 흥미롭습니다. 고조선과 한의 국경만 놓고 보더라도 대동강, 청천강 및 북경 일대의 난하도 아닌 오늘날 요하 부근의 혼하 일대로 보고 있다는 것입니다.

　그렇다면 왜 이 같은 일들이 벌어지는 것일까요? 여기에는 고조선의 강역에 대한 연대별 고찰을 어느 정도 감안하지 않았다는 것도 거론되어야 할 것 같습니다. 그러니까 고조선의 국경은 난하 일대에 고착되었던 것도 아니며 꾸준히 변화되었다는 것인데, 초기 고조선의 경우 중국에 보다 가까워 북경 일대에 달했고, 이후 중국과의 국경선이 점차 동쪽으로 이동했으리라는 추측을 할 수 있겠습니다.

그리고 『환단고기』 같은 저작에 대한 것은 후대에 전승사화를 기록한 성격의 것으로 학계에서 잠정적인 결론이 나있는 상태이므로 이들이 식민사학에 대응하기 위한 방편의 하나로 탄생했다고 볼 때, 보다 중요한 것은 사료적 가치보다는 그들이 탄생하게 된 시대적, 사상사적인 배경이 보다 의미 있는 대목이라고 할 수 있을 것입니다.

참고로 단군조선 관련 "위서 논쟁" 글로 조인성 교수의 논문 「『규원사화』와 『환단고기』」 등이 있는데 이에 대해서는 『고조선 사라진 역사』의 저자 성삼제 선생의 비판도 흥미롭습니다. 위서 논쟁의 불씨가 잠복해 있는 상태입니다. 특히 『규원사화』의 경우 조선 숙종 대에 출현한 이유가 여전히 분명치 않다고 봅니다.

식민사학 청산과 더불어 일제 때 일본 식민사학자들이 만들었던 한국고대사 연구에 대한 전반적인 검토를 위해서는 국사편찬위원회 등이 나서서 일제시대 일본인들의 결과물을 총괄 정리해내는 작업도 한 번 시도해 볼 때라고 생각합니다. 현재 개별 논문이나 단행본을 통해 언급하고는 있지만 일제시대 논저에 대한 대대적인 정리와 중요 저작의 번역이 필수적이라는 생각이 듭니다.

얼마 전 국회도서관의 독도자료실을 방문해서 서가에 비치된 일제

시대에 나온 방대한 보고서와 연구서들을 대하고 놀란 일이 있었습니다. 만선지리역사보고서는 물론이고 만몽 관련 논저, 조선의 지리 풍속 등 엄청난 연구서들이 당시에 나왔다는 것을 확인하고는 일본 문화 제국주의의 용의주도함에 감탄과 함께 후대에라도 대책을 세워야겠다는 생각이 들었습니다.

자료 중에 인상적인 것으로 조선총독부 관보에 실린 『조선(朝鮮)』에 대한 소개인데, 김창균의 「낙랑 대방의 문화」가 등장하는 것이 흥미롭습니다. 여기서 나오는 내용이 무엇인지는 모르겠으나 이들에 대한 연구가 학계에서 있었으면 합니다. 일제는 왜 한사군의 설치를 한반도내로 고정시키려고 했을까요? 왜 대동강 일대가 바로 패수라는 주장을 하고 있는 것일까요? 패수는 여전히 과제로 남기고 이쯤해서 다시 장박천 교수의 논문으로 돌아와 봅시다.

"둘째, 문자의 계승 관계에서 볼 때 원절식 도전은 동북에서 생산되었다. 첨수도의 문자는 고졸(古拙)한데, 어떤 것은 갑골문(甲骨文)과 유사하고 그중에 국족(國族)이나 지명(地名)에 속하는 문자도 역시 갑골문에 보인다. 명(明)자의 표기는 ◑인데 이 문자는 갑골문에서 기원하였다. 주(周) 명문(銘文)의 연(燕)자는 언(匽)으로 ◑과 언자는 비슷하지 않으며 연나라 국명이라고 할 수도 없다.

◑자는 오늘날 명(明)자로 푸는데 갑골문에서 명(明)자는 ◎D이고 금문(金文)에는 ◎D이다. 그런데 이 명(明)자는 앞의 두 문자, 즉 ◎D이나 ◎D에서 직접 유래한 것이 아니라 갑골문 가운데 ◑에서 유래한 것이다. 곽말약(郭沫若)은 『은계수편(殷契粹編)』에서 맹(萌)으로 풀었고, 『주례·점몽(周禮占夢)』에서 두자춘(杜子春)은 맹(萌)을 명(明)으로

해야 마땅하다며, 명(明)자는 맹(萌)에 근본한 것으로 나중에 명(明)으로 썼다고 하였다. 문자면에서 볼 때 명(明)자는 언(匽)자와 무관한 것 같다. 그와 정반대로 '기자지명이(箕子之明夷)'의 '명이(明夷)'와 오히려 불가분의 관계가 있다."

명(明)자에 대한 갑골문의 고찰 결과를 통해 명도전의 명(明)자가 연나라의 옛 문자인 언(匽)자와도 다르다는 것을 설명하고 있습니다. 그러니까 이 글을 보면 더러 명도전의 명도(明刀)를 언도(匽刀)라고 하는 주장에 대해서 장박천 교수는 긍정하지 않는 셈입니다.

"역도(易刀)"라는 주장이 국내에서는 이도학 교수의 경우에 등장하는 것 같습니다. 역(易)자로 푸는 것은 연하도 역(易)과 관련이 있는데, 황석전은 『선진화폐통론』에서 역(易)자로 볼 수 없다는 주장도 합니다.

또 황석전은 명(明)자를 안(眼)자와 유사한 문양으로 보고 언(匽)으로 풀고 있습니다. 장박천 교수와는 견해가 약간 다르지요. 참고로 역(易)에 대한 고찰입니다. 현재 연나라 하도와 관련해서 하북성 역현이 등장하는데 더러 이현이라고도 하는 설명이 있습니다.

왜 이런 현상이 생기는가 하면 역현 또는 역수의 "역(易)"자가 두 가지 발음으로 나타나기 때문입니다. 즉 역(易)에 대해서 '쉬울 이'와 '바꿀 역' 두 가지가 있는 것이지요. 그런데 현대 중국음으로는 둘 다 "이(Yi)"입니다. 그래서 현대 중국음으로 보면 '이'현도 가능한데, 우리 한자음으로는 역현과 역수라고 해야 맞는다고 하겠습니다. 그럼 장박천 교수의 논문을 다시 보겠습니다.

"'기자지명이(箕子之明夷)'에서 '명이'가 바로 '기자적조선(箕子適朝
鮮)'의 '조선'이다. 선(鮮)은 독음이 사(私)와 같은 동성자(同聲字)이다.
사(私)와 사(斯)의 음은 시(尸, 夷)와 통한다. 그러므로 '명이(明夷)' 두
문자의 본음(本音)은 마땅히 '명시(明尸)'로 읽어야 할 것 같다. '명이
(明夷)'는 은나라 사람들의 원래 표기 아닌가 하고, 조(朝)와 𩢡는 형
태가 비슷하므로 '조선(朝鮮)'은 마땅히 중원의 사서에 나타난 표기 방
식이라고 하겠다."

장박천 교수는 문자학과 성운학의 성과를 빌어서 "명이(明夷)"와 "조
선(朝鮮)"의 관계를 설명하고 있습니다. 갑골문과 금문 등에 나타난 문
자의 해독이 거둔 성과라고 할 수 있는데 명도전에 나타난 문양의 비
밀도 속히 드러났으면 좋겠습니다. 명도전에 나타난 문양이 과연 고조
선 언어의 파편일 수 있겠는가 하는 것도 궁금한 일입니다.

지난 번에도 언급했지만 한자는 발음에 따라 동일 인물이나 지명
또는 국가에 대한 호칭에 있어서 표기상의 차이가 더러 발생합니다.
예를 들어 우리는 보통 주몽이라고 하지만 한자로 추모(雛牟), 추몽(鄒
蒙), 주몽(朱蒙) 등으로 나타나는 것도 그 좋은 예입니다. 한자로는 서
로 다른 문자이지만 발음은 유사한 것이 그 때문입니다.

한 가지 장박천 교수의 설명 가운데 선(鮮)의 독음이 사(私)와 같다
는 것도 마찬가지로 현대음이 아니라 고대음의 분석을 통한 결과로 보
이는데 이에 대한 근거의 검토는 다음 기회로 미루고, 명이와 조선은
'같은 나라'의 '다른 표기'라는 것만 언급하고 넘어가야겠습니다.

논문번역의 진실

제가 최근 명도전 관련 논문을 한 편 번역하느라 보름 정도를 TV하고 신문을 보지 못했습니다. 그래서 신문도 몇 개를 보니까 한 번 쌓이면 순식간에 산더미를 이루더군요. 모처럼 쌓였던 신문들을 그냥 내버리기가 아까워 정리하다보니 대리번역인가 이중번역인가 해서 논란이 된 정지영 아나운서 관련 글이 등장하기에 읽어보았습니다.

그런데 정지영 아나운서를 모른다고 하면 이상할지 모르겠지만 사실 잘 모르는 아나운서이고 이름도 지영이니 해서 예전의 무슨 가수인가도 생각했습니다. 그러니 마시멜로인가 하는 책은 더군다나 읽어보지를 못했지요. 그런 책이 100만부가 판매되었다니 대단한 성적입니다. 이문열 삼국지가 전성기에 매년 100만부가 판매되었다고 하지요.

그런데 이런 이야기를 하는 이유는 제가 장박천 교수의 논문을 하나 번역하는데 정말이지 번역 하나 제대로 하기가 너무 힘이 들고 어려운 작업이라는 것을 말씀드리고 싶은 때문입니다. 김원중 교수의 『삼국지』 번역도 사실 지금에 와서 보면 많은 착오가 보이지만 최초의 번역이라는 공을 무시할 수 없고 대단한 작업입니다. 제가 전에 언급했던 황석영 삼국지의 감수자인 전주 우석대 전홍철 교수도 번역의 어려움을 이렇게 토로하고 있습니다.

> "마지막으로 언급하고 싶은 것은 중국고전 번역의 어려움이다. 평소 존경하던 황석영 선생의 번역문 교열을 처음 부탁받았을 때는 과분한 작업이라는 생각과 함께 내심 몇 개월이면 끝날 일로 생각하고 쉽게 응락했었다. 하지만 결과적으로 1년여 동안 꼬박 매달려야 할 만큼 간단치 않은 작업이었고 무엇보다 국내에서 출간된 여러 번역본과 평역본을 놓고 대목대목 비교하면서 빨간펜으로 수정할 때는 중한 부담감에 목덜미에서 식은땀이 느껴지곤 했다."

목덜미에서 식은땀이 날 정도라니 번역의 어려움을 실감할 수 있지 않습니까? 이문열 삼국지의 900군데 오류를 주장한 재중동포 리동혁 선생의 책이 나왔을 때도 제가 과거에 그 같은 리동혁 선생도 삼국지 번역본이 나오면 100군데 이상의 착오를 지적할 수 있을 것이라고 언급한 적이 있습니다.

요즘 가뜩이나 책을 읽지 않는 풍토에다 출판계도 어려운데 각종 사고로 점철되니 엎친 데 덮친 격이 아닐 수 없습니다. 일조각 한만년 사장은 그래서 베스트셀러는 마약과도 같은 것이니 추구하지 말 것을 당부했다고 하지요. 출판이 정말 문화의 전령사 역할을 하는 사명이 있다면 그 같은 어려움이 있을 수밖에 없습니다. 더욱 인문학의 위기, 아

니 어느 누구는 인문학자의 위기라고도 하는데, 여하간 이 같은 상황
이 출판계의 어려움을 더하게 만들지 않았나 싶습니다.

제가 삼국지 관련 자료를 모을 때 국립중앙도서관 고문서실에 있었
는데『열국지』를 공부하는 어느 대학 석사반 여학생이 도시락을 싸 와
서 공부하더군요. 아마 경희대 중문과 학생으로 기억하는데, 저는 그
때 도시락은 고사하고 식비를 절약해서 고문서 복사를 한 장 더하려
고 애썼던 기억이 납니다.

그런데 흥미로운 것은 명도전 논문을 번역하다가 관련 자료를 확인
해보니 명도전의 비밀과 고조선에 대한 여러 가지 의문을 해결할 수
있겠다는 느낌이 들어서 집중적으로 파고들었는데 도저히 자료 수집
등을 감당할 수 없고, 또 자투리 시간을 이용해서 번역을 하게 되니
심신이 고단해졌습니다.

그래서 일정 부분 전문적으로 해보려고 중소기업체 가운데 탄약 재
료의 국산화를 선도한 금속 생산업체인 풍산금속의 협조를 구하려고
담당자에게 명도전 관련 기사의 연재를 문의하는 메일을 보냈습니다.
'금속 화폐의 원료를 유럽에 수출한다고 하니 명도전이 고조선의 화폐
임을 밝히면 우리 고대 청동화폐의 수준을 널리 알리게 되어 국가와
귀사 모두에게 좋지 않겠느냐?'는 성격의 글을 보낸 적이 있습니다.

이와 관련해서 일전에 일본 모 대학의 선생을 만나서 답사를 마치고
돌아오는 길에 이야기를 나눈 적이 있습니다. 일본에서는 기업의 연구
협찬이 어떠냐고 했더니 그가 한국의 어려운 사정을 개탄하더군요. 특

히 각 분야의 전문가와 수준 등이 아직도 차이가 크다는 것입니다. 일본 어느 학회의 경우는 회원만도 몇 천이라 회비만으로도 운영이 가능하다는 말도 하더군요. 한국을 비판하면 그런 말을 하는 자기를 친일파라고 욕을 해서 비판하기도 힘들다는 것입니다.

연구비 하니 인문학의 경우 한국연구재단의 지원 방식에도 변화가 있어야 할 것입니다. 기존의 대학원 석박사생들의 단순 지원형 방식에서 진일보하여 재야사학자와 강단 인문학자를 막론하고 자유과제 등을 포함하여 다양한 분야의 성과를 유도해내는 방식으로 전환할 것을 요청하고 싶습니다.

대중역사가들이 연구서 하나 집필하려면 엄청난 노력이 필요한데 정작 출판사도 준비과정에서 큰 도움이 되지 못하고 있습니다. 어려운 출판사 사정을 어떤 이는 도박이라고도 하더군요. 책을 내서 잘 팔릴지 어떨지는 그야말로 운에 맡기는 것과 같다는 이야기입니다. 도박판의 타짜뿐이겠습니까? 결혼도 누구는 일종의 도박이라고 하더군요. 이렇게 보면 우리 인생 그 자체가 일종의 신과의 도박이겠지요.

그럼 다시 장박천 교수의 논문을 살펴보겠습니다. 지난 시간에 명이와 조선에 대해 같은 나라임을 설명했습니다. 특히 명(明)자와 연(燕)의 옛 문자인 언(匽)자가 다르다는 것을 밝히고 명(明)자 문양은 조선을 뜻하는 명이(明夷)와 더 가깝다는 것을 설명했습니다.

　　"또 '명(明)'자는 '창(昌)'이라고도 하는데, 예를 들어 『시경(詩經)』에 '동방명이(東方明矣)'라고 하고, 『설문해자(說文解字)』에서는 인용하여

‘동방창의(東方昌矣)’라고 했다. 창(昌)자는 고문(古文)에서 㫤이고, 주문(籀文)에서는 㫤이며, 전서(篆書)에서는 㫤인데 㫤자와 형태가 비슷하다. 동방명의(東方明矣), 동방창의(東方昌矣)에서 ‘명(明)’과 ‘창(昌)’ 두 문자는 모두 천장명(天將明)으로 이는 바로 ‘조(朝)’이다.”

그러니까 명(明)과 창(昌) 이 두 자가 서로 의미가 통하는 것으로 모두 ‘날이 장차 밝는다’는 것을 의미하는데 결과적으로 아침 조(朝)와 같다는 것입니다.

“내가 볼 때 ‘조(朝)’는 여기서 ‘소(昭)’로 읽어야 ‘명(明)’자와 통한다. 지금 조선어에서 ‘조선(朝鮮)’ 이 두 글자는 여전히 ‘소선(昭鮮, Zhao xian)’으로 읽는데 이것이 그 본음(本音)이 된다. 옛날에 주음(注音)을 ‘조선(潮仙, Chao xian)’이라고 했는데 이것은 잘못 읽은 것이다.”

이 부분은 약간 설명이 필요한데 지금 “朝”자는 우리 한자음으로는 “조”로 읽어서 “ㅈ” 가까운 발음이 나지만 중국음은 “츠아오(Chao)”라고 해서 “ㅊ”에 가깝습니다. 그런데 장박천 교수는 그렇게 읽어서는 안 되고, 중국음으로 “즈아오[Zhao]”해서 “昭(Zhao)”식으로 읽어야 한다는 것입니다. 물론 여기서 “昭”의 한국 한자음이 “소”이기는 하지만 중국음은 다릅니다.

장박천 교수는 조선어, 즉 한국어에서는 여전히 “朝鮮”의 “朝”를 “조”라고 발음한다는 것을 예로 들면서 과거에 중국음에서 “潮仙(Chao xian)”의 “潮(Chao 츠아오)”로 읽었던 것이 틀리고, “昭鮮(Zhao xian)”의 “昭(Zhao 즈아오)”가 “朝”의 본래음에 가까우므로 “昭鮮(Zhao xian)"으로 읽어야 한다는 것입니다.

> "연나라 소왕 때 조선을 공격해서 진번 조선 두 나라의 지역을 자신의 것으로 복속시키자 조선이 망해서 바다[낙랑]로 들어갔다. 연나라는 진번 조선이 있던 원래 지역에 요동군과 장새(障塞)를 설치하고 요동군을 다스리는 곳을 양평(襄平)(지금의 遼陽市)에 두었다."

여기 굉장히 흥미로운 지명이 등장합니다. 연나라가 요동군의 치소를 지금의 요양시인 당시의 양평에 설치했다는 것입니다. 요양시는 지금 요녕성 일대에 있는데 요동반도의 천산산맥 북서쪽으로 심양과 무순 아래 요하와 혼하 하류 지역에 있습니다.

우리가 장박천 교수의 이 같은 주장을 그대로 따른다면 연나라 소왕 때 고조선의 국경은 지금의 요하 일대로 접근했다는 결론이 나오고 연나라의 공격을 받기 전에는 고조선이 적어도 현재의 요하 이서 지역에 위치하고 있었다는 결론을 내릴 수 있습니다.

이렇게 본다면 고조선의 위치는 상고시대로 갈수록 요하 일대의 서쪽은 물론 대릉하 유역 나아가 중국 가까운 곳에 위치했을 가능성이 대단히 많은 것입니다. 다만 장박천 교수의 주장 가운데 낙랑을 바다로 들어간 지역에 있는 것으로 보는 관점과 양평을 현재의 요양으로 보는 것에 대해서 우리는 계속 의문을 제기해야 합니다.

한국민족문화의 기원

중국 장박천 교수의 명도전 관련 논문을 한 편 번역하는데 참고할 것이 너무 많습니다. 예전에 고대사에 관심이 있을 때 구입했던 고대 사와 고조선 관련 책들이 생각났습니다. 그 당시 많이 사서 봤는데 일부는 기증하고 나머지는 오래되어서 아쉽게도 어디 있는지 찾을 수가 없었습니다.

그 바람에 오늘 다시 헌책방에 나가서 새로 몇 권을 샀습니다. 김정배 저, 『한국민족문화의 기원』도 그 가운데 한 권입니다. 이 책하고 재야사학의 이상시(李相時) 저, 『단군실사에 관한 문헌고증』 그리고 옛날 6,70년대 『중학 사회2(세계사)』 및 『고등학교 세계사』 교과서 등 몇 권 구입했습니다.

광복 후 우리나라의 고조선 연구의 세 기원은 여러 좋은 연구자들이 있겠지만 개인적으로 강단사학의 이병도, 김정배, 윤내현 세 학자를 들고 싶습니다. 이병도 박사는 그 연원이 식민사학이든 뭐든 여하간 고조선의 기반을 한반도내로 귀속시킨 그리하여 국사에 등장하는 고조선에 대한 통념의 초석을 놓은 대표적인 사학자입니다.

김정배 교수는 인류학과 고고학적 기반을 검토하여 고조선을 반도 내로 한정지을 수 없다는 점을 강조하였습니다. "한국의 선사 및 고대 문화를 금일의 한국 영토 안에서만 구한다는 것은 큰 잘못이다. 고대 민족의 유적이 남만주 요동까지 퍼져 있는 사실에 주의하지 않으면 안된다."라고 하여 그 영역을 만주와 요동 일대로 전개, 이병도의 한반도설에 머물던 국사학계의 고조선 연구에 커다란 전기를 마련하였습니다.

이 같은 연구 이후 80년대에 등장한 윤내현은 중국 고고학과 고대사 연구로 고조선의 강역을 북경 일대의 난하 유역 부근으로 확정하고 청동기의 상한 연대를 기존의 기원전 7세기 내지 10세기보다 훨씬 올라가는 견해를 발표하였습니다. 중국 고대사 전공자의 이 같은 주장은 당시 여러 비판이 있었지만 고조선 연구에 새로운 열기를 가져왔고 그 결과 고조선의 강역에 대한 우리의 시야를 확장시킨 공로가 있었습니다.

물론 위의 학설 모두에 전혀 문제점이 없는 것은 아니지만 우리 사학계의 고조선 연구사에 큰 획을 그은 대표적인 학자요 학설들인 것만은 분명한 사실입니다. 이제 차세대 고조선 연구의 새로운 물줄기는 이제껏 우리가 중국 전국시대 연나라의 화폐로 알고 있었던 명도전이 고조선의 화폐일 수 있다는 가정에서 그 가능성을 찾을 수 있다고 생각합니다.

그럼 여기서 다시 장박천 교수의 논문을 살펴보겠습니다. 장박천 교수의 논문에서 흥미로운 것은 이제껏 우리가 조선(朝鮮) 같은 명칭에만 관심을 쏟아왔는데 전혀 새로운 명이(明夷)라는 명칭으로 첨수도와 원절식 명도전의 명(明)자 문양을 검토하고 있다는 사실입니다. 또 명(明)자 문양이 연나라의 도읍 명칭이 아님도 분명히 했습니다.

襄平 - 昌平 (=明夷, 朝鮮)

"『한서지리지』 양평현(襄平縣) 아래 주(注)에 '망왈창평(莽曰昌平)'이라고 하였다. 창평(昌平)은 양평(襄平)의 예전 명칭으로 '평(平)'의 뜻은 '이(夷)'이다. 창평이라는 성(城)의 이름은 또한 명이(明夷)에서 기원한 것으로 기자 이후 '기후'를 '조선후'의 국명(國名)과 성명(城名)으로 고친 것을 말해주는 것이다. 은나라 사람과 조선은 그 지역을 명이(明夷)라고 불렀으며 또 달리 창평(昌平)이라고도 했는데, '명이' '창평'을 중원의 사서에서는 '조선'이라고 하였다."

장박천 교수는 연나라가 조선 지역을 침략하자 조선이 망입해(亡入海) 그 원래 지역에 요동군을 설치했다고 합니다. 아울러 요동군의 치소는 양평에 설치했고, 양평은 오늘날의 요하 부근에 있는 요양이 바로 그 위치라고 보는 것입니다.

또 장박천 교수는 원절식 명도전의 주체는 조선후국(朝鮮侯國)으로 이들 명이(明夷)라는 조선(朝鮮)이 바로 명(明)자 문양의 주인공이라고 보고 있습니다. 그런데 이 명이(明夷)라는 명칭은 우리 학계에서 그다지 접해보지 않아서 다소 생소하기도 합니다.

참고로 위에서 언급했던 『단군실사에 관한 문헌고증』은 재야 사학자의 저서 가운데 상당히 고증에 애쓴 흔적이 보이고 특히 일제의 조선사편수회의 실상을 밝힌 공로가 있는 저서입니다. 저자 서문에도 나왔지만 과거 『주간조선』에 「단군조선은 이렇게 말살됐다」라는 제목으로 연재되었던 일도 나옵니다.

1985년에서 1986년 무렵의 일로 저도 『주간조선』의 고조선 관련 연재 글을 몇 차례 본 기억이 있는데, 그 같은 연재를 허락한 이가 아마 당시 조선일보 서희건 문화부 차장과 안병훈, 조병철, 이남규 등 조선일보 관계자들이 아니었나 싶습니다.

이 저서에는 특히 본문과 부록 참고자료에 『삼국유사』 고조선에 등장하는 환국(桓國)과 환인(桓因)의 일제 개찬(改竄) 자료 및 사진을 제시하여 일제의 고조선 말살 의도를 드러내기도 하였습니다. 저자의 주장을 일부 들어보겠습니다.

"우리 고대사를 말살하는데 일급 하수인이었던 일본인 어용사학자 '今西龍'였는 바, 이 자는 日本 京都帝國大學 학생 시절에 일본국에서 처음으로 조선사를 전공하였다는 학도로서 동 대학 대학원을 졸업한 후 그 모교의 강사가 되어 그의 은사인 동 대학 교수 三浦周行과 함께 1916년 3월 내한하여 그 당시 조선총독부 중추원에서 시행하고 있던 조선반도사 편찬사업의 촉탁으로 위촉된 이래 1932년 5월 사망할 때까지 16년 2개월 동안 우리 상고사 부분인 단군조선과 기자조선을 말살하는데 주도적인 역할을 하여 왔을 뿐만 아니라, 1921년『朝鮮古史の硏究』라는 학위논문을 작성하여 모교인 경도제국대학에 제출하여 박사학위를 받았으며 그 논문 중에서 소위「檀君考」라는 제목으로 단군이 신화라는 설을 처음으로 조작하여 발표하고, 이를 뒷받침하기 위하여 근세조선 중종 7년, 즉 명나라 무종 정덕 7년(단기 3845년, AD1512년) 慶州府尹 李繼福이 重刊한『삼국유사』正德本 가운데 고조선의 기사 중「昔有桓国」이라고 되어 있는 ‘国’자를 ‘囡’자로 극비리에 개찬하여 경도제국대학에 다량의 영인본을 만들어 소위 ‘京都帝國大學 影印本’이라는 이름을 붙여 관계요로에 다수 배부하고 ‘옛날에 桓因이라는 신화적인 인물은 있었으나 桓國이라는 나라는 없었다’는 등 터무니없는 주장을 하여 왔는데 1932년 5월에 사망한 후 同年 7월 21일 조선사편수회 제6회 위원회 석상에서 최남선 위원의 폭로로 그 전모가 백일하에 드러났다.”(이상시,『단군실사에 관한 문헌고증』, 1987, 가나출판사)

『삼국유사』임신본의 위조설은 광개토왕 비문 위조 못지않은 이슈인데 최근 명도전 고조선 화폐설을 제기한 성삼제 선생의『고조선 사라진 역사』에도 거론되고 있습니다. 제가 최근 본 관련서 중에 사료 비판적인 접근은 하정룡의『삼국유사 사료비판』(민족사)이 좋은 길잡이가 되었습니다. 참고로 이 책에 나오는 사료 비판의 중요한 대목을 인용하겠습니다.

“鮮初本인 某氏本과 石南筆寫本은 ‘囯’이나 임신본은 ‘国’이며 天理大本은 加筆字인 ‘囡’이다. 주지하는 바와 같이 木板本의 교감에 있어

서 異體字의 판독은 중요한 의미를 갖는다. 鮮初本은 「隋關明墓誌」,
「東魏僧惠造像記」에 보이는 바와 같이 '囩'의 異體字(俗字)로 보이며,
이는 『帝王韻紀』와 『世宗實錄地理志』와도 일치하나 우리나라의 異體
字 用例로는 아직 보고되지 않았다. 한편 주지하는 바와 같이 壬申本
은 國의 이체자인 '国'이다. 그러므로 임신본의 '国'이 誤字라고 할 수
있다."(河廷龍, 『삼국유사 사료비판』, 민족사, 2005)

인용에서 보듯이 "석유환국(昔有桓國)"의 국(國)자에 대한 위조설과
이체자설 그리고 오자설에 이르기까지 다양한 설이 분분한데 이에 대
한 것도 보다 엄밀한 검토가 필요한 문제입니다.

그런데 한 가지 장박천 교수의 논문에서 양평(襄平), 창평(昌平)이라
는 지명을 고찰하여 명이(明夷)와 조선(朝鮮) 지역임을 고증하는 데 있
어서, 창평이 양평의 옛 명칭이라는 것과 창(昌)이 곧 명(明)과 통한다
는 것은 이해가 되는데, 평(平)의 의미가 이(夷)가 된다고 풀이한 것은
잘 납득이 안 되었습니다.

저는 이 부분이 걸리는데 왜 평(平)을 이(夷)라고 했을까 하는 의문
이 드는 것입니다. 양평이 창평이라면 과연 이 창평이 바로 "명이(明
夷)" 지역이 되는 것인가? 그렇다면 당시 고조선의 경계는 어떻게 되었
을까? 그리고 양평이 오늘날의 요양 지역에 정확히 해당하는지도 우리
가 정밀하게 검토해야 할 것입니다. 일단은 앞에서도 밝혔듯이 장박천
교수의 원문에 즉해서 풀겠습니다.

동국사략과 자모전

제가 고조선과 고대 화폐에 관한 자료를 읽어나가고 있는데 그동안 참고 논문 가운데 명도전에 관해서는 서울시립대 박선미 선생의 논문이 상당히 좋은 참고가 되었습니다. 그중에 「戰國~秦漢初 화폐사용집단과 고조선의 관련성」이라는 논문이 최근의 성과를 집약적으로 잘 정리한 것으로 보입니다.

그런데 논문의 각주 1)에 "『東國史略』과 『海東繹史』에는 기자조선이 子母錢이라는 화폐를 사용하였다는 기록이 있다."고 했습니다. 원절식 명도전이 조선후(朝鮮侯)의 화폐라는 중국 장박천 교수의 논문 내용도 충격이었는데, 우리의 역사책에 고조선의 사용 화폐로 자모전이 있었다니 더욱 놀라운 일이었습니다.

그래서 우선 민족문화추진회의 국역으로 나온 『해동역사(海東繹史)』를 확인해보았습니다. 여러 권의 책에서 직접 자모전을 찾기 어려워 색

인을 확인했는데 자모전 항목이 나오지 않더군요. 다음 기회로 미루었는데, 며칠 지나서 문득 일제 때 일본이 조선의 경제 침탈을 위해 설립했다던 조선은행이 떠올랐습니다. 박선미 선생의 화폐박물관 소개도 생각이 나서 인터넷으로 확인해보니 조폐공사 소속의 화폐박물관이 나오더군요.

또 다른 화폐박물관이 있었는데 조선은행의 후신인 지금의 한국은행에 있는 화폐금융박물관이었습니다. 과거에 한국은행에 화폐금융박물관 비슷한 것이 있는 줄은 어렴풋이 알고 있었지만 실제로 방문해본 적은 없었습니다.

다만 조흥금융박물관은 방문 경험은 있지만 당시에는 명도전에 대한 관심이 생기기 이전이었고 그러다보니 도전(刀錢)도 제대로 감상하지 못했던 것 같습니다. 『조흥금융박물관』의 도록에는 전에 한 차례 언급했던 '도전'이 004번에 실려 있습니다.

최근 시간을 내서 한국은행 화폐금융박물관을 방문해보니 고대의 화폐 전시구역에 명도전과 포전 등이 전시되어 있더군요. 상태도 좋고 문양도 선명해서 제대로 감상할 수 있었습니다.

그러나 아쉬운 것은 이곳에 전시된 명도전 역시 모두 중국 전국시대의 화폐로 소개되어 있었다는 점입니다. 아직은 어쩔 수 없는 일이지요. 다행인 것은 『해동역사』에서 미처 확인하지 못했던 자모전(子母錢) 기록을 박물관에 전시된 『동국사략(東國史略)』에서 확인할 수 있었습니다.

이 『동국사략』이라는 역사책은 조선 태종 때 권근(權近, 1352-1409), 이첨, 하륜 등이 왕명으로 편찬한 편년사서로 1권에 단군, 기자, 위만 조선이 등장하고, 우리가 추적하는 고조선의 화폐 자모전에 대한 기록 이 등장한다는 책입니다.

그런데 전시된 책은 권근의 저작이 아니고, 현채(玄采, 1886~1925)가 구한말에 역술(譯述)한 것으로 보이는 『동국사략』 같습니다.

제가 직접 참고한 것은 구한말 현채가 역술한 『동국사략』(4권 4책)인 데, 이 책은 나중에 『(중등교과)동국사략』이라고 해서 증보판이 나오기 도 했습니다. 『(중등교과)동국사략』의 간기를 보면 광무 10년 초판, 융 희 원년 11월 24일 재판, 융희 2년 7월 10일 3판, 융희 2년 7월 15일 발 행이라고 나옵니다. 이 책의 태고사 기왕역대(箕王歷代) 부분을 소개합 니다.

"太原王 孔과 敬昌王 莊을 經ᄒᆞ야 興平王 捉은 子母錢을 鑄ᄒᆞ고 哲 威王 調ᄂᆞ 馬를 大畜ᄒᆞ고 宣惠王 索은 親히 農務를 勸ᄒᆞ고(이하 생략)"

현채 역술의 『(중등교과)동국사략』에 의하면 이처럼 기자조선 홍평왕 (BC 957) 때 최초의 금속화폐라고 할 수 있는 자모전을 사용했다는 기 록이 전합니다. 제가 왜 이처럼 이 대목을 강조해서 말씀드리는가 하 면 우리가 아무리 원절식 명도전을 고조선의 화폐라고 주장해도 기존 의 고정관념이 너무 강해서 잘 믿으려 들지 않기 때문입니다.

그래서 장박천 교수가 논문에서 밝히고 있는 것처럼 꼭 원절식 명도

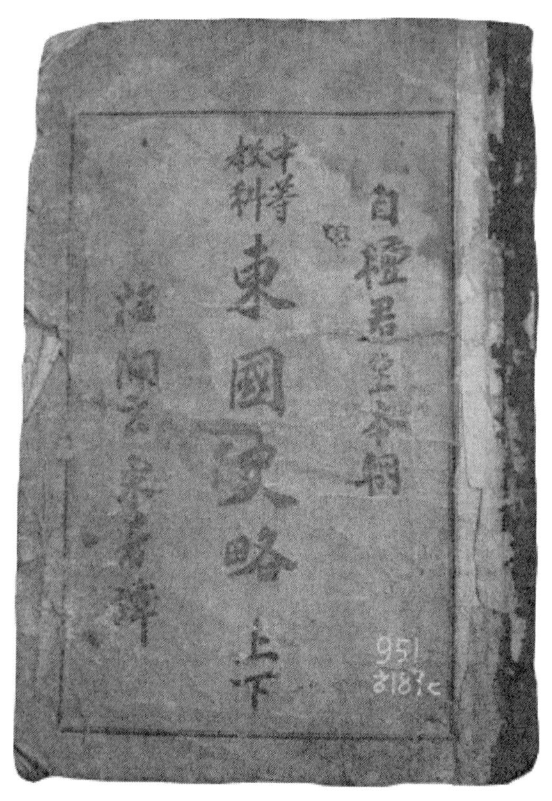

현채, 『(중등교과)동국사략』

국회도서관 소장본

전이 아니라도 고조선 시대에 기존의 어떤 화폐가 사용되고 있었다는 것을 밝히는 것이 고조선의 경제활동을 보완해줄 수 있고 그에 따라 원절식 명도전이 고조선의 화폐였다는 것을 보다 설득력 있게 뒷받침할 수 있다고 보기 때문입니다.

그런데 명도전 관련 논문을 옮기는 저도 현채의 『동국사략』에서 단군조선하며 인용하자니 매우 낯설게 느껴지고 자모전 주조 이야기는 더욱 기이하게 느껴집니다. 그러니 이것만 보더라도 그동안 우리가 얼마나 일본 문화제국주의의 고조선 말살 정책에 무기력하게 당하고 있었던가를 잘 보여주는 좋은 예라고 생각합니다.

고조선하면 그저 신화에 불과한 것으로 여기고 곰과 호랑이가 동굴에서 쑥과 마늘을 먹었다는 이야기 밖에는 떠오르는 것이 없지 않습니까? 일제의 고대사 말살 정책에 우리가 알게 모르게 철저하게 세뇌된 것이 분명합니다.

그럼 고조선의 화폐 자모전이 등장한다는 『동국사략』에 대해서 살펴보는 것이 순서일 것 같습니다. 왜냐하면 사료 비판이 가해져야 판단이 보다 분명해질 것이기 때문입니다. 확인해보니 『동국사략』이라는 제목의 역사책이 몇 권 더 있는 것 같습니다.

1514년 박상(朴祥) 편찬 『동국사략』과 1529년 유희령(柳希齡) 편주의 『표제음주 동국사략』 그리고 이우(李墹)의 『동국사략』과 민제인(閔齊仁)의 『동국사략』 등이 그것입니다. 참고로 이상시의 『단군실사에 관한 문헌고증』에는 이들 『동국사략』에 대해 이렇게 설명하고 있습니다.

"그런데 위 사서 중 권근이 편찬한 『동국사략』은 권1, 권2, 「단군조선」 부분은 현재 전하지 아니하고, 오직 권3, 권4의 2권 1책만 전하여지고 있으며, 그 외에도 유희령이 편찬한 『표제음주 동국사략』(중종 24년, AD 1529)과 박상이 편찬한 『동국사략』(중종 9년 AD 1514년)이 있으나 『동국통감』을 약술한데 불과하고, 또 이우가 찬한 『동국사략』

과 민제인이 찬한 『동국사략』이 있었으나 현재 전하지 아니하고, 구한
말엽(AD 1906년 광무 10년 6월) 현채가 편집한 중등교과서 『동국사
략』이 있으나 조선 초기의 『동국사략』을 역술한 것으로서 특기할 만
한 것이 없고"(이상시, 『단군실사에 관한 문헌고증』, 1987, 가나출판사)

그런데 여기서 현채의 『동국사략』은 권근의 것이 아니라 서문에 나
온 것처럼 일본인 하야시 다이스케(林泰輔, 1854-1922)의 역사서 『朝鮮
史』 7책을 토대로 번역한 것입니다. 일본인 하야시에 대해서는 최재석
교수의 「1892년의 하야씨 타이호(林泰輔)의 『朝鮮史』 비판-고대 한일관
계사를 중심으로-」(『선사와 고대』 18, 2003)라는 논문도 나와 있습니다.

그러나 홍평왕의 자모전 주조 같은 대목이 저본인 『조선사(朝鮮史)』
에 보이지 않는 것을 보면 이 대목은 현채의 보완이라고 하겠는데, 아
마도 이는 현채가 전래된 역사서들을 참고하여 자모전 기록을 서술한
것으로 보입니다.

기타 『동국사략』에 대한 상세한 서지사항은 정구복 교수의 한국사서
총간 1 『동국사략』(여강출판사, 1986) 「해제」 등을 참고하시면 좋겠습니
다. 참고로 한국은행 화폐금융박물관에서 간행된 도록에는 자모전에
대해 이렇게 설명이 나와 있습니다.

"조선시대에 발행된 문헌 『동국사략』과 『해동역사』에는 기원전 957
년 기자조선 홍평왕 때 우리 역사상 최초의 화폐라고 추정되는 자모
전(子母錢)을 주조해 사용하였다는 기록이 나온다. 일설에는 자모전
은 화폐의 명칭이 아니라 자전(子錢)과 모전(母錢)의 합칭으로 자전은
소전(小錢)을 의미하고 모전은 대전(大錢)을 의미하는 것으로 해석하

기도 한다"

여하간 자모전 자체에 대해서는 다소 불분명한 상태로 남아있는 것 같습니다. 그러나 적어도 기자조선 홍평왕 BC 957년에 자모전이라는 화폐를 주조하였다고 본다면 장박천 교수의 원절식 명도전이 조선후의 화폐라고 할 때 자모전과 어떤 모종의 연관성이 있는지도 우리가 검토해야 할 것입니다.

물론 그렇다고 하여 원절식 명도전이 바로 기자조선 홍평왕 때의 자모전에 해당한다는 것은 아닙니다. 군이 시간적으로 본다면 첨수도나 첨수도의 초기 화폐가 보다 더 시간적으로 가까운 편이지요. 그러나 이것도 사실 그렇게 정확한 것은 아닙니다. 왜냐하면 주활(朱活) 같은 학자의 경우 첨수도를 대략 전국시대 초기의 것으로 보기 때문입니다.

기자조선 홍평왕 BC 957년은 중국의 경우 서주 시대 소왕(昭王, BC 966~BC 948) 때에 해당하는데 기자조선도 이 당시 화폐 주조의 능력이 있었다는 정도로 언급해두는 것이 좋겠습니다. 여기서 다시 장박천 교수의 논문을 살펴보겠습니다.

"후한 말 이전에는 기자와 기자의 뒤를 이은 조선 지역에 대해서 분명하지 않다. 또 당시에 어느 지역에 있었던가에 대한 것도 직접적인 기록이 없다. 기자[箕侯]와 조선후(朝鮮侯)에 관한 것은 아마도 서진(西晉) 무제(武帝) 태강(太康) 3년 급군(汲郡) 사람 '不準'이 도굴한 위(魏)나라 안리왕(安厘王)의 무덤에서인 것 같은데, 무덤에서 죽서(竹

書) 수십 수레 분을 얻었고, 또 따로 얻은 일종의 『일주서(逸周書)』 판본 중에 새로운 발견이 있었다.

李鍇, 『尚史軒轅五帝夏商諸臣列傳』
국립중앙도서관 소장본

청대(淸代) 이개(李鍇)의 『상사·헌원오제하상열전(尚史軒轅五帝夏商列傳)』 권1에 『급총서(汲塚書)』를 인용하여 기록하기를 '윤자는 패에 있고, 부사는 이·엄에 있다. 고죽에서 군주가 되어, 왕의 유민을 선동하면 상을 가히 회복할 수 있다.(胤子[祿父]在邶(邶), 父師[箕子]在夷·奄, 孤竹而君之, 以夾煽王爐, 商可復也)'라고 하였다. 여기 나오는 패(邶)에 대해 왕국유(王國維, 1877~1927)는 바로 연(燕)이라고 하였다. 엄(奄)은 산동에 있었으며 기자재이(箕子在夷)는 기자가 바로 명이(明

夷)에 있었다는 것으로 이 세 지역은 모두 고죽(孤竹)과 가까이 있었다.

장화의 『박물지』에 조선이 망입해(亡入海)[낙랑]한 기록도 여기서 나온 것이거나 또 달리 근거한 저본이 있었을 것이다. 북주(北周)와 당나라 때의 기록에 기자가 고죽 소속의 경내에 있었고 조선이 요동에 있었다는 것도 헛되이 전해온[虛傳] 것은 아니라고 하겠다."

장박천 교수는 후한 말 이전에는 기자와 조선의 '지역적 위치'에 대한 정확한 기록이 없었다고 하면서, 서진 무제 때 발굴되었다는 『급총서』를 언급하고 있습니다. 패(邶)는 은나라 주(紂)의 아들인 녹보(祿父)의 봉지인데, 왕국유의 설명대로 연나라 지역으로 보았고 엄(奄) 땅은 기자가 봉해진 지역으로 산동지역에 해당하는 곳입니다.

여기서 다소 이상한 것은 기자의 위치입니다. 청대 이개(李鍇, 1686~1755)의 기록에 기자가 이엄(夷奄)에 있다고 한 것입니다. '이'면 '이'고 '엄'이면 '엄'인데 '이'와 '엄'을 연칭했다는 것이 이상합니다. 장박천 교수는 기자재이(箕子在夷)로 기자가 명이(明夷)의 지역에 있었다는 것만 언급하고, 기자재엄(箕子在奄)의 측면은 별도로 강조하지 않은 것 같습니다.

그런데 문제는 기록에 기자의 위치가 이(夷), 엄(奄) 땅으로 나온다는 사실입니다. 특히 엄 땅은 오늘날의 산동성 지역으로 태산과 발해의 사이에 위치했다는 곳입니다. 발해 연안의 근접 지역으로 산동반도와 요동반도를 두고 발해만 이동도 상정해 볼 수 있는 대목인데 여하간 기자가 '이'나 '엄' 또는 '이·엄'이든 발해 연안 가까운 지역에 있었다는 것은 주목을 요하는 부분입니다.

참고로 한국교원대 송호정 교수의 논문 「大凌河流域 殷周 靑銅禮器 사용 집단과 箕子朝鮮」(『한국고대사연구』 38, 2005)을 보면 "箕銘 靑銅禮器 가운데 서주 말기 춘추시대에 제작된 다수의 청동기들은 주로 산동성 관내에서 출토되었으며 이들 명문에 나오는 당시 기족(箕族) 집단의 근거지로는 현 산동성의 동남쪽에 있는 영현(營縣) 부근으로 비정하는 견해가 가장 유력하다. 이처럼 춘추시대에 산동성 경내로 비정되는 기국(箕國)의 청동기가 요녕성(遼寧省) 객좌현(喀左縣) 일대에서 다수 발견되는 점은 무엇을 말하는 것일까"라는 언급이 보이는데, 기자가 '이엄(夷奄)'에 있었다는 사실이 그 해답이 될 수 있을지 모르겠습니다.

그런데 오늘날의 요서지역의 유적을 놓고 단국대 복기대 박사의 경우는 하가점하층문화 등을 고조선의 것으로 파악하려는 관점이 강한 데 반하여, 송호정 교수의 경우는 이들 동일 지역의 유적, 특히 하가점 상층문화의 경우 중국의 영향을 받은 것으로 그래서 적어도 북방 산융 등의 영향으로 파악하여 고조선 고유의 유적임을 부인하려는 경향이 다소 보입니다.

흥미롭게도 복기대 박사는 단국대 윤내현 교수의 고조선 연구를 실증적으로 뒷받침하는 성향이 있고, 송호정 교수는 이병도 박사 이래의 식민사학의 입장인 고조선의 한반도설을 지지하는 성향이 드러납니다. 그러나 이 양자는 각자의 입장에서 나름의 고증을 전개시킨 것으로 현 단계에서는 고조선연구에 상호 보완적인 효과를 가져올 수 있을 것입니다.

한 가지 위의 인용문에서 언급된 서진의 무제가 바로 조씨의 위나라를 찬탈한 사마염으로, 그의 부친은 고사성어 "사마소의 야심은 길거리의 사람 모두가 안다[司馬昭之心, 路人皆知]"에도 등장하는 유명한 사마소(司馬昭)입니다. 『삼국지』 독자들에게는 익히 알려진 이름들이라 거론해 보았습니다.

『일주서』와 『급총주서』라는 서책들에 대해서는 설명이 필요한데 저는 이 부분에 대해서 잘 모르고 있었기 때문에 『동양학대사전』을 참고했습니다. 참고하면서 국내에 이 같은 사전도 다 있었나 싶어서 펴낸이가 누군가 하고 약력을 확인해보니 동국대에서 한문학을 전공하고 청주대학교 사범대학에서 한문교육학을 지도하고 있는 임종욱 교수였습니다. 임종욱 교수는 관련 분야의 사전류를 펴내서 상당한 도움을 주고 있습니다. 사전의 「급총주서」 항목을 인용하겠습니다.

"중국 서진 시대 하남생의 급군 사람 '불'준(不準)이 전국시대 위왕(魏王)의 묘를 도굴하여 얻은 고서. 죽간에 기록되어 있는 것을 순욱(筍勖) 등 학자들이 당시의 글자체로 고쳐 정리했다. 원래는 대량의 죽간이 있었다고 하는데 지금 전하는 것은 『목천자전』과 『고서죽서기년』(이것도 일단 소멸되었다가 복원됨)에 불과하다. 『일주서』는 『급총주서』라고도 하는데 급총에서 나온 것은 아니라고 한다. 또 이들이 출토된 연도에 대해서는 『진서』의 본기와 전, 두예의 『춘추경전집해』 후서 등에서 279년(咸寧 5년)부터 281년(太康 2년)까지의 차가 있고 또 출토한 묘에 대해서도 위양왕의 것이라는 설과 안리왕의 것이라는 설이 있다."
(임종욱, 『동양학대사전』, 경인문화사, 2006)

그런데 『일주서』 같은 책에 대해서는 더러 서지학적인 검토가 필요하다는 견해도 있었던 모양이나 여기서는 장박천 교수의 인용을 그대로 따르기로 하겠습니다.

참고로 계명대 제해성 교수의 「『逸周書』의 文學 價値에 관하여-胡念貽의 「『逸周書』中的三篇小說」에 대한 淺見」(『中國語文學』 제34집, 영남중국어문학회, 1999)를 보면 '不準'의 '不'에 대해 〈音'彪'〉라고 한 것이 보입니다.

여하간 이들 저서는 고대 동이(東夷) 지역의 상황을 언급한 대목이 있어서 『죽서기년』 등과 함께 관심을 요(要)하는 자료입니다. 이를 방증하듯 김경일 교수도 「갑골문 東夷 관련 기록과 先秦 문헌상의 '九黎' 등을 통해 살핀 '高句麗' 명칭의 문화적 내면」이라는 논문에서 동이와 고구려 명칭의 연속성을 고찰하기도 하였습니다.

제가 확인한 고문서 『급총주서』에도 「기자」라는 항목이 나오기는 하는데 해당 항목의 내용은 등장하지 않더군요. 민국(民國) 29년 상무인서관에서 간행된 주우증(朱右曾)의 『일주서집훈교석(逸周書集訓校釋)』에도 「기자」 항목에 해당하는 내용이 망(亡) 또는 결(缺)이라고 해서 내용이 실려 있지 않습니다.

청대 『속수사고전서(續修四庫全書)』에 실린 왕념손(王念孫, 1744~1832)의 「독서잡지(讀書雜志)」에도 「일주서잡지(逸周書雜志)」라는 항목이 일부 보이는 것 같습니다. 참고로 왕념손은 청대 고증학을 대진으로부터 전수받은 학자로 단옥재와 더불어 단왕(段王)으로 병칭되는 저명한 학자입니다.

여하간 국사편찬위원회에서 중국 정사 조선전의 국역에 이어 중국 사서에 등장하는 고대 조선과 동이족 관련 항목에도 관심을 갖고 이들을 정리하여 역주 작업을 해낸다면 이 방면의 연구자들에게 큰 도움이 될 것입니다.

마형과 연하도 유적

명도전에 대한 일제시대의 유적 발굴 보고서를 언급하면서 명도전의 국가 귀속 문제는 북경대학 마형(馬衡)의 연나라 명도전 학설을 취한다는 말씀을 드린 적이 있습니다. 오늘 마침 마형에 대한 자료를 발견해서 약간이나마 소개를 하고자 합니다.

『중국대백과전서』를 참고했는데, 마형은 중국 현대 금석학자, 고고학자로 '중국 근대고고학의 선구자'로 알려져 있습니다. 절강성 사람으로 청대 광서 7년(1881) 태어나 1955년 3월 26일 북경에서 사망한 것으로 나옵니다. 1925년 고궁박물관 부관장을 역임하고 다시 33년에 관장을 역임했으며 30년대 연하도 유적 발굴을 지휘한 인물입니다.

연하도 유적은 우리의 연구 대상인 고조선의 화폐 명도전과는 매우 밀접한 연관이 있습니다. 오늘날 국사 교과서에 명도전이 중국 전국시대 연나라에서 사용한 청동 화폐로 알려지게 된 것도 바로 이 유적지의 발굴과 연관이 있기 때문입니다.

마형에 관한 자료를 확인하고 연나라 역사와 문화사적 배경을 검토하려고 배진영 박사의 논문을 찾았는데 보이지 않더군요. 서가를 지나서 나오려는데 묘하게도 한국 고대사 관련 박사 논문이 하나 제 눈에 들어왔습니다. 논문의 제목은 흥미롭게도 『古朝鮮과 漢四郡의 位置 比定 硏究』입니다.

논문을 보면서 이 논문이 마치 저를 기다리고 있었다는 듯한 인상을 받았습니다. 왜 아직도 내 논문을 읽지 않고 소개를 하지 않았느냐는 표정으로 말입니다. 이 논문의 주인공은 김종서(金鍾序) 박사인데, 중앙대 대학원 사학과 한국사 전공입니다.

이 논문은 매우 특이한 관점으로 풀었는데 일명 수평직선거리(水平直線距離)와 굴곡지수(屈曲指數)를 이용한 위치고증방법, 즉 수학적 위치고증방법이라는 것을 활용한 논문입니다. 중원의 심장부인 낙양에서 몇 리 떨어진 곳이라는 사서의 거리 기록들을 수학적으로 산정한 연구입니다.

매우 새로운 시각으로 풀었는데 사료 해석에 있어서는 다소 의문이 있는 대목도 등장합니다. 예를 들어 연나라의 진번 조선 침략 및 복속 문제입니다. 제가 장박천 교수의 논문을 소개하면서도 설명했지만 연나라의 전성기 때 조선 지역을 침략 복속시켰다는 기록이 『사기 조선열전』에 등장하는데 통상적인 해석은 이렇습니다.

"처음 연나라의 전성기로부터 일찍이 진번 조선을 침략하여 복속
시키고 관리를 두고 장새를 축성하였다(自始全燕時, 嘗略屬眞番朝鮮,
爲置吏, 築障塞)"

그런데 흥미롭게도 이 대목을 김종서 박사는 이렇게 풀었습니다. 상
당히 파격적인 한문 해석이라 하지 않을 수 없습니다. 우선 한문 구
두(句讀)를 보겠습니다. '自始全燕'하고 끊고, '時嘗略' 하고 끊었습니다.
이하는 '屬眞番朝鮮, 爲置吏, 築障塞'로 같습니다. 그래서 김종서 박사
의 해석은 이렇습니다.

"나라를 건국한 처음[始]부터[自] 滅亡할 때까지 全期間에 걸쳐서
[全] 燕나라[燕]는 늘(시시 때때로)[時](진번과 조선으로부터) 침략[略]
을 당하였으므로[嘗] 진번[眞番]과 조선[朝鮮]을 경계하여[屬] 官吏를
두고 장새[障塞]를 쌓게[築]하였다[爲]."

연나라가 진번 조선을 침략하여 진번 조선을 복속시킨 것이라기보
다 오히려 진번 조선이 연나라를 자주 침략했다는 주장입니다. 한문
은 끊어 읽기에 따라서 다른 해석이 가능하지만 이것은 전통적인 해석
과는 매우 다른 것이라 주의를 요하는 대목입니다.

'침략 당했다'는 수동형의 해석도 그렇지만 '속(屬)'을 '복속'의 의미가
아니라 '경계하다'로 푼 것은 더욱 의문의 여지가 있습니다. 바로 『사기
조선열전』에는 위 문장 다음에도 속(屬) 자의 용례가 등장하고 있습
니다.

"秦滅燕, 屬遼東外徼." 그런데 여기서 속(屬)을 '경계하다'로 보면, "진 나라는 연을 멸망시키고, 요동외요를 경계하였다(秦滅燕, 屬遼東外徼)." 는 식이 되는데, 전후 문맥으로 보아서 복속시켰다가 보다 적절한 풀이가 아닐까 합니다. 따라서 속은 복속의 의미로 봄이 타당할 것입니다.

최남선 편으로 민중서관에서 간행된 『삼국유사(三國遺事)』(1946년 초판, 1969년 3판)에도 연나라의 침략은 이렇게 기재되어 나옵니다. 「위만조선」에 "自始燕時, 常略得眞番朝鮮, 爲置吏築障. 秦滅燕, 屬遼東外徼."

'상'자도 『사기』와 『삼국유사』가 서로 다른 한자로 등장합니다. 『삼국유사』의 기록을 본다면 이 역시 김종서 박사의 주장처럼 끊어 읽어야 하는가 하는 문제가 발생합니다. 그럴 경우 '속'에 해당하는 '득(得)'의 해석이 어렵게 됩니다.

『염철론(鹽鐵論)』은 전한 소제 시원 6년(BC81)에 있었던 관련 자료를 선제(宣帝 BC 74~BC 49)때 환관(桓寬)이라는 사람이 정리 편찬한 책인데 김한규, 이철호 공역의 『염철론』(소명, 2002)도 나와 있습니다. 이 책의 「흉노를 방비하다[備胡]」에 보면 "조선은 변경을 넘어 연의 동쪽 땅을 겁탈하였고"라는 기록이 있습니다.

『염철론』에 나온 예는 김종서 박사의 주장을 방증하는 매우 좋은 예이지만 이 같은 상황을 『사기 조선열전』에도 동일하게 적용한 것은 다소 무리가 아닌가 생각합니다.

이것은 『삼국지·위지·동이전』의 경우처럼 고구려가 위의 관구검의 침략으로 한 때 위기 상황까지 갔지만 그 밖의 경우 『삼국사기』에 따르면 오히려 고구려가 자주 중국 변경을 침략한 기록의 등장과도 매우 유사합니다.

자주 침략을 받았더라도 전성기의 어느 한 시기에는 예를 들어 위나라가 고구려를 깊숙하게 침략했다는 기록이 있었듯이 전성기의 연나라 역시 북으로 동호를 배척하고 동으로 조선을 침략하는 것도 가능할 것입니다.

우리가 고조선의 강역을 확정하는데 있어서 사서의 엄연한 기록을 무시하고 우리에게 유리한 쪽으로만 무리하게 해석을 하는 것도 피해야 할 것입니다. 물론 식민사학의 경우 중국의 입장만 지나치게 강조한 면도 있지만 김종서 박사의 이 부분에 대한 해석도 보다 검토가 필요하다고 생각합니다.

그러나 조선이 연나라를 자주 침략했을 수도 있다는 근거가 『염철론』에 등장하는 것은 수긍되는 점이 있으며 김종서 박사의 수학적 위치고증방법도 분명 새로운 연구의 방향을 제시한 좋은 성과라고 할 수 있을 것입니다. 여기서 이 문제는 잠시 보류해두고 일전에 모호해서 그대로 남겨두었던 부분을 다시 확인해보겠습니다.

앞에서 연소왕 때 진번 조선 두 지역을 점령하고 요동군을 설치했는데 그 관리소를 양평에 두었다고 했습니다. 그런데 양평(襄平)의 옛 명칭이 창평(昌平)이고, 창(昌)은 명(明)에 평(平)은 이(夷)에 통하므로 원래 이 지역이 명이(明夷), 즉 조선(朝鮮) 지역이라고 한 대목입니다.

여기서 평과 이의 의미가 통하는 것에 의문을 제기했었는데 성균관
대 한문학 전공자들인 이충구 외 3인 공역의 『이아주소』를 찾아보니
「平 均 夷 弟, 易也」라고 해서 '평'과 '이'가 서로 통한다는 것을 발견했
습니다.

또 한 가지 장박천 교수가 『주역』의 「지화명이(地火明夷)」괘에 나오는
"기자지명이(箕子之明夷)"에서 '명이'를 지역 명칭으로 보고 지(之)자를
나아갈 적(適)과 같은 의미의 갈 지(之)자로 풀었는데 『주역』 「명이」 괘
에 대한 해석들은 다소 차이가 난다는 것입니다.

예를 들어 '명이'의 의미를 조선에 해당하는 지역 명칭으로 풀지 않
고 "오랑캐인 이(夷)를 밝게 교화시킨다" 또는 "밝은 기운인 명(明)이
상해를 입는다"는 뜻으로도 푼다는 것입니다.

물론 「고조선의 화폐와 명도전의 비밀」에서 장박천 교수의 논문은
어디까지나 인용 참고 사항이므로 더 이상 문제 삼지는 않고 이런 문
제도 있다는 정도만 언급하고 넘어가겠습니다. 여기까지 쓰고 잠시 인
터넷의 다른 글을 찾아보니 세계일보에 흥미로운 기사가 과거에 났더
군요. 김종서 박사의 주장도 등장하니 묘한 인연입니다.

"한 역사단체가 파격적인 포상금을 내걸어 화제다. '초·중·고교
역사교과서 바로잡기 운동'을 벌이고 있는 참역사문화연구회(www.
coreahistory.or.kr)는 최근 몇몇 일간지 광고와 홈페이지를 통해 '현
재 역사교과서에 실려 있는 내용 가운데는 일제에 의해 왜곡된 내용
이 그대로 반영된 것이 많다'면서 '왜곡된 교과서 내용들을 사실이라

고 완벽하게 입증할 수 있는 사람이 있다면 상금으로 1억원을 주겠다'
고 밝혔다. 이 단체는 역사학자 김종서(중앙대) 박사의 주장을 근거로
현재 초중고교의 역사 교과서 일부 내용이 왜곡돼 있다고 주장하고
있다."(이경희 기자,『세계일보』, 2006.8)

국사 교과서의 잘못을 바로잡겠다는 의욕 넘치는 단체의 기발한 제
안 같습니다. 1억 원의 상금 운운하니 국사 교과서가 무슨 단죄의 대
상처럼 부각되어 다소 이상하군요. 사계의 충분한 여론 수렴과 검토
를 통해 좋은 대안이 나왔으면 합니다.

끝으로 연하도 유적지와 연나라 도읍의 천도 문제가 당시 중원 지
역과 동북 지역의 고조선 등의 국가와 어떤 모종의 역학 관계에 있었
는지 여부에 대해서는 배진영 박사의 논문과 다른 자료들을 참고하고
재론하도록 하겠습니다.

청동야금기술과 성분

명도전의 비밀을 찾아서 이번 글은 청동야금관련 기술입니다. 그런데 한 가지 흥미로운 것은 동(銅)이면 그냥 구리라고 해서 철기 시대 하듯이 동기(銅器) 시대라고 할 것이지 왜 청동기(靑銅器) 시대라고 했을까요? 동(銅) 자에 청(靑)자가 붙는 것이 궁금했습니다.

해답은 의외에도 간단했습니다. 바로 순동(純銅)이 아니라 여기에 다른 성분, 즉 주석이라는 성분을 넣어서 동과 석이 주성분이 된 제품이기 때문에 청동이라는 표현을 사용한 것입니다. 청동이니 푸른 녹이 끼는 것이 이상할 것도 없는 셈입니다. 원래는 석의 비율이 높아지면 청동의 색이 회색 또는 흰색으로 변한다는 것과는 또 다른 특징입니다.

고조선 시대에 이미 동에다 석과 연을 의도적으로 배합하여 성분을 조절했다는 것 그리고 오늘날까지 그 상태가 유지되는 청동거울 등을 보면 그 당시 고조선이 보유했던 청동야금 기술의 수준을 가히 알 수 있는 일입니다.

요즘 우리 주변에서 동(銅) 제품으로 흔히 접할 수 있는 것에는 무엇이 있을까요? 남자분들이라면 군대에서 사격하고 남은 탄피 등을 연상하면 좋을 것입니다. 탄피가 바로 동(銅)의 좋은 예이지요. 한국이 포스코, 풍산금속 등을 비롯해서 세계적인 금속 강국이라는 사실도 기억하는 것이 좋겠습니다. 고조선의 후예로서 부끄럽지 않은 일입니다.

얼마 전까지 놋그릇을 사용하기도 했었고 요즘에도 더러 제사용으로 놋그릇을 사용하는 집이 있을 것입니다. 놋그릇은 그릇닦기가 고역이지요. 녹슬지 않는 동파이프의 기술 광고 등도 들어본 기억이 있을 것입니다. 지금도 우리는 철기는 물론이고 청동기 시대를 살고 있는 셈입니다.

한국 고대 청동기의 몇 가지 특성을 언급한 글이 김정배 교수의 『한국민족문화의 기원』 142쪽에도 일부 소개되어 있습니다.

> "韓國에서 發見된 것은 銅, 錫, 鉛이 74.4%, 15.8%, 9.6%의 比率인데 反하여 日本에서 發見된 것은 銅, 錫, 鉛의 比率이 46.8%, 44.3%, 5.7%로 나타나고 있어 銅, 錫, 鉛의 含有量이 差異를 보이고 있다."

김정배 교수는 또 전상운의 「韓國靑銅活字印刷術發展의 技術史的 背景」, 『誠信女子師範大學硏究論文集』(1970)을 인용하여 "청동주조 기술에 있어서 한국은 청동기시대부터 조선시대에 이르기까지 각 원소의 함유량 비율이 대체로 비슷하게 주조되어 내려왔다."고 하였으며, 또 "한국 청동기의 유물에서 아연(Zn)이 포함되고 있는 것은 선사 시대로부터 역사 시대까지 계속되고 있다."고 하였습니다.

북한의 학자들도 이와 유사한 결론을 내린 바 있습니다. 그들 역시 전통적으로 청동합금의 기본형은 동, 석, 연이었다고 주장하면서 한 걸음 더 나아가 이들의 함유량 비율의 특성이 중국이나 시베리아와도 다른 면이 있다고 밝혔습니다.

『조선고고연구』(1990)에 실린 강승남의 「기원전 1000년기 후반기 우리나라 청동야금기술의 특징에 대하여」를 보면 서북 조선 일대에서 발굴한 기원전 1000년기 청동의 화학적 조성에서 "비파형 동검, 세형 동검 그리고 청동거울"에 이르기까지 한결같이 동, 석, 연의 비율이 대체로 동은 70.0% 이상이고 석은 20.0% 이하이며 연은 15.0% 미만으로 나타나고 있다"고 하였습니다.

이 당시 비교한 중국 청동 자료는 전국 시대 말기의 것으로 사천성 청동의 화학적 성분인데 대체로 이들 청동물의 주성분이 석과 연이고 부성분이 동을 비롯한 철, 규소, 알루미늄, 백금 등으로 한국과 다른 성분을 보이고 있습니다.

보다 구체적으로 실험 결과를 밝히자면 중국 전국 시대의 청동에는 석의 함량이 22.29%~48.91%이며 연은 1.84%~42.69%로서 평균 함량이 20.0%를 훨씬 넘고 이에 반해서 동의 함량은 평균 16% 미만으로 나타났습니다.

한 가지 아쉬운 것은 비교 대상이 고조선과 가까운 중원의 것이 아닌 '사천성' 지역의 것이라는 점입니다. 그러나 한국의 청동 기술이 중국의 청동야금 기술과는 매우 다른 차원에서 진행된 것을 알 수 있습니다.

그렇다면 우리가 관심을 지니고 있는 명도전의 성분은 어떨까요? 무척 기대되는 일입니다만 현재로서는 이 방면에 대한 연구는 거의 없는 것 같습니다. 최근 서울시립대 박선미 선생이 명도전 관련 박사 논문을 준비하고 있다고 들었는데 이 방면에 대한 연구가 추가되었으면 좋겠습니다.

박선미, 『고조선과 동북아의 고대화폐』

이 같은 다소 특이한 방면의 연구 이야기를 언급하고 보니 이화여자대학교 배진영 박사가 『中國古代燕文化硏究-연 문화의 형성과 전개』(2001)를 준비하면서 집필 장학금을 받았다는 것이 생각납니다. "대학원 집필 장학금을 받아서 北京에 가지 않았다면 燕國에 관련된 글은 결코 한 장도 쓸 수 없었을 것입니다."「感謝의 글」

그 같은 집필 장학금이 있었다니 참 다행한 일입니다. 박선미 선생의 경우도 이와 같은 좋은 여건이 마련되어서 훌륭한 연구 결과가 나왔으면 좋겠습니다. 참고로 제가 찾은 명도전 성분 자료는 『중국대백과전서』의 기록인데 다소 소략하지만 인용해보겠습니다.

"명도전의 주조 기술은 제나라 도전에 비해 떨어진다. 특히 동의 함유량 측면에서 보면 제나라 도전보다 현저히 낮다. 보통 동의 비율이 35~45%이고, 연과 석의 비율이 45~58%에 달한다."

연나라 도전인 명도전이 성분에 있어서 제나라의 도전에 비해 동의 함량이 떨어진다는 것입니다. 앞에서 고조선의 청동야금 기술은 동의 비율이 대체로 높다고 하였는데 여기 이 실험에 사용된 명도전의 경우 동의 비율이 낮은 것을 보면 중국 측 청동야금 기술에 가깝다고 볼 수 있습니다. 그러나 화폐가 지닌 특수성을 감안하여 보다 정밀한 검토가 필요합니다.

명도전의 동의 비율이 떨어지는 것을 보면 중국 측에 가까우나 동의 평균 함량이 중국 전국 시대 사천성의 동 성분에 비해서는 다소 높은 편입니다. 이와 비교된 제나라 도전은 동의 비율이 더 높다고 했으니 오히려 고조선의 청동 기술에 가까운 것일지도 모르겠습니다.

우리가 지금 소개하는 장박천 교수의 논문에서 언급된 방절식 명도전인 연나라 화폐의 동의 비율이 낮다고 한 것인지 아니면 첨수도와 원절식 명도전을 포함한 일반 명도전의 동의 비율이 낮다는 것인지 등이 각각의 성분 분석을 통해 밝혀져야 할 것입니다.

이들 명도전에 대한 보다 정확한 측정 기록이 전해진다면 좋겠지만 현재로서는 자료가 한정되어 안타깝습니다. 차후 좋은 연구자와 성분 분석에 협력하는 기업체가 등장해서 기대에 부응하는 성과를 내주었으면 합니다.

다뉴세문경 국보 141호
숭실대 박물관 소장

이쯤해서 다뉴세문경의 주조 기술에 대해 참고가 될 만한 북한 고고학의 성과를 반영하는 글을 소개하여 고조선의 청동야금 기술에 대한 우리의 연구에 보탬이 되도록 해야겠습니다. 예전 같으면 이들 북한 자료는 특수자료실에서나 이용했는데 그동안 많은 변화가 있었던 것도 사실입니다. 일부 표기법을 수정하여 인용하겠습니다.

"청동은 동과 주석의 합금으로서 그 합금 비율에 따라 청동의 굳기와 주조법이 달라진다. 청동기들을 분석한 결과에 의하면 이 시기에 고조선은 동과 주석의 합금 비율을 대상의 특성에 맞게 잘 처리하였다는 것을 알 수 있다. 그런 실례로서는 이 시기의 대표적인 청동유물이라고 할 수 있는 세형동검[좁은놋쇠단검]과 세문경[잔줄무늬거울]을 들 수 있다.

무기를 비롯하여 날을 세워야 할 제품을 만들기 위한 청동합금 비율에 가장 알맞는 것은 주석을 19% 정도 하는 것인데, 이런 비율을 합금한 청동은 강도가 매우 높다. 이보다 주석의 비율을 높이면 강도는 세어지나 날이 부스러지거나 깨지기가 쉽다.

세형동검을 분석한 결과에 따르면 주석의 비율이 17~18%로서 청동으로서는 강도가 제일 높은 가장 합리적인 비율로 합금되었다. 세형동감 같은 무기를 만드는데는 주석의 비율을 19% 이상 높이는 것이 적당하지 않지만 거울과 같이 매끈하고 반사효과를 내게 하는데는 주석의 비율이 일정하게 높아야 한다.

고조선은 세문경 청동거울을 만들 때 주석의 비율을 26.7%로 높임으로써 거울면을 매끈하게 하여 잘 반사되게 하였다. 뿐만 아니라 주석의 비율을 높임으로써 주조성을 높여 거울 뒷면의 섬세한 무늬를 똑똑히 나타낼 수 있게 하였고 한 점의 티도 없이 정교하게 주조할 수 있게 하였다."

『조선고대사-고조선 부여사 진국사』라는 책으로 북한의 사회과학원 역사연구소에서 간행한 책입니다. 원본은『조선전사』제2권(과학백과사전출판사, 1979)에서 나온 것인데 국내에서는 도서출판 한마당에서 1989년에 표기법을 고쳐서 출판하였습니다.

현재 우리는 세형동검, 청동거울 등의 주조에 뛰어났던 고조선의 청동야금 기술을 놓고 볼 때 원절식 명도전 같은 화폐의 발행에도 이 같은 청동야금 기술이 적지 않은 영향을 끼쳤을 것으로 판단하고 있습니다. 그럼 다시 장박천 교수의 논문으로 돌아와 봅시다.

"도전(刀錢)의 표면 문양의 변화를 역사의 발전과 결부시켜 분석한다면, 첨수도(尖首刀)의 '죽(竹)' '기(箕)' '명(明)' 자는 죽(竹)과 기(箕)가 명이(明夷) 지역에 있었다는 역사의 반영이라고 할 수 있을 것이다. 나중에 기자(箕子)가 강대해지자 원래의 지명(明夷, 朝鮮)을 국명(國名)으로 바꾸고 화폐제도를 개혁하여 국명(國名)으로 표면 문양을 통일시켰는데, 이것이 바로 기자 이후 조선후국(朝鮮侯國) 시기의 원절식(圓折式) 명도전(明刀錢)이다."

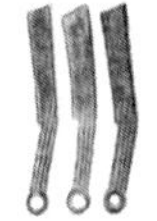

제나라의 도전과 가림토 문자

명도전과 관련해서 화폐에 관해 연구하다보니 화폐전문가나 감정사들은 왜 이런 연구에 몰두하게 되었나 하는 그런 궁금함이 일었습니다. 이 분들이 화폐를 좋아하는 것은 어떤 의미가 있을까요?

신약성서 바울 사도의 서신인 디모데전서 6장 10절을 보면 "돈을 사랑함이 일만 악의 뿌리가 되나니 이것을 사모하는 자들이 미혹을 받아 믿음에서 떠나 많은 근심으로써 자기를 찔렀도다"라는 말씀이 등장합니다. 그런데 제가 이번에 흥미를 느낀 말씀은 좀 다릅니다.

신약 누가복음 20장 22절을 보면 "우리가 가이사에게 세를 바치는 것이 가하나이까 불가하나이까 하니 예수께서 그 간계를 아시고 가라사대 데나리온 하나를 내게 보이라 뉘 화상(畵像)과 글이 여기 있느냐 대답하되 가이사의 것이니이다. 가라사대 그런즉 가이사의 것은 가이사에게 하나님의 것은 하나님께 바치라."고 하는 말씀이 나옵니다. 참고로 여기 나오는 세(稅)도 굉장히 중요한 경제문화사적인 주제입니다.

그런데 오늘 이 말씀을 읽다보니 데나리온에 "화상과 글"이 있다고 한 대목이 신기하게 눈에 확 들어옵니다. 전에는 "가이사의 것은 가이사에게 하나님의 것은 하나님께"라는 말씀만 생각했지요. 그런데 이번에는 "화상과 글"이 와 닿습니다. 참고로 동전 같은 화폐의 초상에 나오는 가이사는 로마의 카이사르(Caesar, BC 102~44)를 말합니다.

데나리온은 성경 주석에 보면 은으로 만든 로마 시대의 주화라고 하는데 우리가 연구하는 명도전은 청동제품으로 알려져 있지요. 제가 오늘 '화상과 글' 이야기가 떠오른 것은 사진 이미지에 등장하는 제나라 화폐의 표면에 새겨진 문양 때문에 그렇습니다. 명도전도 표면에 새겨진 "명(明)"자 비슷한 문양 때문에 명도전이라는 명칭이 붙었지요.

예수 그리스도 당시에 은으로 만든 화폐를 사용했다는 것은 서양 로마의 번성한 문물의 영향 탓인지는 몰라도 우리가 쉽게 믿으면서 동양 고대는 물론이고 그 이전 고조선 시대에 화폐를 사용했으리라는 것에 대해서는 의문을 제기하는 경향이 있습니다. 그러니 고조선 지역에서 출토된 많은 명도전이 우리 화폐일 가능성에 대해서는 생각조차 해보지 못했던 것이지요.

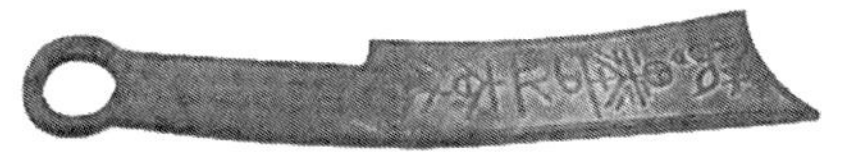

제대도
한국금융사박물관

위의 이미지에 나온 것은 한국금융사박물관의 것으로 현재 신한은행(전 조흥은행) 소속인데, '즉묵(卽墨)'이라는 지명이 표면에 새겨진 제나라의 화폐입니다. 화폐연구서인 청대 주풍(朱楓)의 천서(泉書)『고금대문속록(古金待問(續)錄)』을 보면 위의 문양에 대해 '즉묵지길화(卽墨之吉貨)'라고 풀었습니다.

'즉묵(卽墨)'은 춘추 시대 제나라의 읍명으로 한대에는 현을 두었으며 지금의 산동성 평도현의 동남에 위치하는 곳입니다. '즉묵지길화'는 간단히 말하자면 즉묵(卽墨)이라는 도읍지에서 주조한 길화(吉貨 또는 '大刀')라는 의미입니다.

지난번에 명도전의 성분 분석을 놓고 제나라 도전에 비해 동의 함량이 현저히 떨어진다는 이야기를 언급한 적이 있습니다. 제나라의 도전에는 제명도(齊明刀)와 제대도(齊大刀) 등이 있는데 위의 것은 제대도의 일종입니다.

참고로 제명도는 출토지를 따라서 박산도(博山刀)라고도 하는데 "명(明)"자 문양이 원절(圓折)이 아닌 방절(方折)입니다. 『중국고전대집』의 제명도에 대한 설명을 보면 주조 시기는 전국 말기로 보고 출토 지역은 연나라가 한 차례 점령했던 제나라 경내라고 하였습니다. 제대도와 더불어 우리의 명도전 연구에 좋은 참고 자료입니다.

우선 보기에도 위의 제대도(齊大刀)는 일반 명도전은 물론이고 제명도 등에 비해 크기나 중량감이 다르게 느껴집니다. 동의 함량 비율이 높은 것이 고대 한국 청동기의 특징이라고 했는데 이들 제도의 성분

연구도 향후 명도전 연구에 매우 유용한 참고 자료가 될 것입니다.

「고조선의 해상 교역로와 래이」라는 논문에서 보았듯이 고조선은 문피(文皮)라는 제품을 제나라와 요동반도를 통해 교역했습니다. 제나라는 물산이 풍부하고 경제력이 있어서 화폐 주조 기술이나 또 실제 동의 함량 비율 등이 명도전과는 달랐던 것 같은데 여하간 이 제나라가 고조선 지역의 요동반도와 지리적으로 매우 가까운 곳에 위치했다는 것은 명도전 연구와 관련해서 주목을 요하는 대목입니다.

제나라 화폐인 제도에 대해서는 어느 정도 분명한 연구가 있고 표면 문양도 뚜렷한데 왜 명도전은 그 소속과 문양의 비밀이 쉽게 드러나지 않는 것일까요? 참으로 이상한 일입니다.

고조선은 단군신화에 매몰될 수 없는 고대 국가로 동방 지중해인 발해 연안을 누비며 왕성한 무역활동과 해양력을 과시한 동방의 '페니키아'라고 할 수 있을지 모르겠습니다.

페니키아는 고대에 지중해의 해상권을 장악하고 '상업상의 필요'에서 기존의 표음 문자를 개량하여 페니키아 문자를 발명했는데 그밖에도 염색, 조선, 유리 등의 공업이 발달한 고대 국가였습니다.

표음문자하면 우리의 자랑스런 한글이 떠오르는데 세종 때 훈민정음 창제 당시에도 고조선 시대에 '가림토'라는 우리 문자가 있었다는 설이 전해오지요. 가림토 문자하니 단군 운운하는 국수주의자 같은 느낌이 듭니다. 저는 가림토 문자에 대해서는 아직 연구를 해보지 않아서 잘 모르겠습니다.

얼마 전에 읽은 어떤 책에서는 박정희 정권 때 가림토 관련 논문을 발표했던 어느 교수가 세종대왕의 성역화 사업에 밀려서 정보부의 압력을 받기도 했답니다. 요지인즉 '당신은 왜 자꾸 세종의 한글 창제 업적을 가리는 엉뚱한 주장을 하느냐'는 것입니다.

결국 그 교수는 '고조선 가림토 문자' 주장으로 인해서 주위의 압력으로 대학을 떠나게 되었다고 합니다. 단국대 윤내현 교수도 고조선 학설 때문에 여러 압력과 고통을 겪었다고 하더군요. '영토가 무조건 넓기만 하면 좋은 것이냐'는 등의 질책이 있었다고 합니다. 이를 보면 학계의 폐쇄적인 연구 풍토도 고조선 연구에 장애가 되었음을 지적할 필요는 있습니다.

여하간 제나라와 교역한 고조선도 상업상 또는 어떤 필요에 의해서 화폐를 주조하였을 것입니다. 화폐 주조에 따른 청동 주조술은 우리가 동검이나 청동거울에서 보았듯이 상당히 높은 수준의 기술을 지녔을 것으로 판단됩니다.

한편 페니키아인들은 지중해는 물론이고 대서양의 영국 북방까지 진출했다고 하는데 이 당시 야간 항해에 북극성도 이용했다고 합니다. 동방 지중해의 페니키아였던 고조선도 이에 못지않은 역량을 지녔던 국가로 간주할 여러 요인이 충분합니다.

페니키아를 보면 고대의 야간 항해술에는 고도의 천문학이 필요한데 고조선의 해양력도 천문학의 배경이 있었을 것입니다. 고조선의 해양력은 후대에 고구려로 계승, 다시 발해 시대에는 산동반도를 공격하여 그곳 자사를 죽일 정도의 항해 능력을 갖추게 한 모종의 역사적 배경이 되었을 것입니다.

알파벳의 기원이 되는 페니키아 문자가 '상업상의 필요'에서 나왔다는 것은 여러 의미가 있습니다. 오늘은 이 문제를 고조선의 화폐 주조 능력과 교역 활동 그리고 이 같은 고조선과 활발한 교역을 전개했던 제나라의 화폐와 비교해서 언급해보았습니다.

제나라의 화폐 연구는 기존의 명도전 연나라 화폐설에 대해 새로운 돌파구를 마련할 수도 있기에 함께 거론해 보았습니다. 실제로 명도전이 요동반도 여순 대련 지구에서 집중적으로 출토되고 있는데, 이는 과거 이 지역이 중국 발해연안과 산동지역과의 활발한 교역을 가졌다는 것을 증명하는 좋은 예입니다.

제가 산동반도와 요동반도의 지리적 근접성에 놀랐던 것은 일제 시대에 나온 고지도를 보았을 때의 일입니다. 산동반도와 요동반도 사이에 있는 작은 섬들[廟島群島]이 다닥다닥 붙어 있어서 마치 징검다리처럼 연결되어 있었던 것입니다.

우리는 보통 산동반도와 요동반도의 '몸체'만 생각하고 그 사이에 바다가 상당히 멀리 그리고 넓은 구역에 걸쳐 가로 막고 있을 것으로 생각하지만 그 두 지역의 사람들은 지도의 표시로 볼 때도 알 수 있듯이 상당히 가까운 거리로 느꼈고 또 쉽게 오갈 수 있었던 지역으로 여겼다는 인상을 받았습니다.

앞으로 산동과의 교역을 증명해줄 고고학적인 발굴이 더 이루어져서 구체적인 연구 결과가 많이 나왔으면 좋겠습니다. 또 명도전 같은 화폐의 출토와 연구에도 많은 진전이 있었으면 합니다. 저의 이 글이 그 같은 역할의 작은 밑거름이 되어준다면 그보다 더 큰 보람은 없을 것입니다.

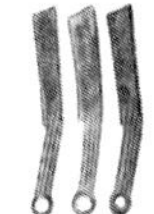

한국의 고전

명도전의 비밀을 찾아서 고대 화폐를 연구하던 저는 최근 『강원도민일보』에 실린 한국 고전연구감정위원회 한영달(韓榮達) 회장님의 「명도전(明刀錢)은 고조선 시대 화폐」라는 글을 보게 되었습니다. 2006년 10월 26일자 신문에 실린 내용인데 여기서 저는 "화폐학의 철학"이라고 할 수 있는 것을 발견했습니다.

"우리나라 삼한 시대 제조 유통되었던 무문철전, 철정전(鐵鋌錢, 『강원도민일보』, 2000년 6월 10일 보도)도 최근에 와서 우리 고화폐로 인정되는 단계에 와 있다. 화폐학은 역사, 고고학, 지리학, 민속학, 서예, 금속공학(주물, 야금, 성분분석), 회화, 디자인, 민화 등의 종합연구이자 어느 분야는 전문성이 따라야 한다. 춘추 전국 시대 명도전이 고조선 화폐로 국제적인 인정을 받기까지는 화폐학 측면에서 앞으로 더욱 활발한 연구가 이루어져 인식을 높여야 하며 실물을 다루는 수집가들로부터도 공감이 형성되어야 한다."(『강원도민일보』, 2006.10.26)

저는 역사학자도 아니고 더욱 화폐전문가도 아닌데 명도전의 비밀을 추적하다보니 고조선 전반은 물론이고 화폐사까지 다루게 되었습니다. 최근 인사동 골목의 고화폐를 다루는 가게에서 화폐 감정가들을 만나게 되었고 이분들을 통해서 일제 때 이미 조선고천회(朝鮮古泉會)라는 모임이 있었다는 것과 국내에도 화폐감정연구회 비슷한 모임이 있다는 것을 알게 되었습니다.

그 과정에서 언론인 출신이며 한국고전연구감정위원회 한영달 회장님을 알게 되었습니다. 그래서 최근 직접 찾아뵙고 한국 고대 화폐에 대한 견해를 들었는데 명도전에 대해서는 화폐 전문가로서의 본능적인 감각에서 볼 때 우리 화폐 전통과는 무언가 다른 이질적인 느낌을 받는다는 아주 솔직한 견해도 밝혀주셨습니다.

이에 대해 고조선의 화폐를 고증하려면 명도전은 물론이고 뒤를 이은 고구려의 경제 활동과 화폐가 뒷받침되어야 한다든 제 의견을 들으시고는 예전에 중국 집안 박물관에서 있었던 고구려 유물 전시회 때 하얼빈에서 가져온 화폐 비슷한 것을 보신 적도 있다는 말씀을 들려주셨습니다.

"2004년 집안 박물관에서 필자가 발견한 우리나라 최초의 별전(別錢, 일종의 민속기념화)으로 보는 고구려 장수왕 시대 '國泰民安' 별전 탁본이 우연히 눈에 띄어 한국 것으로 여겨지는 순간 뛸듯이 기뻤다. 고고학자도 우리나라 옛 화폐를 전문으로 하지 않는 사람은 눈에 들어오지 않았을 것이다." (「고구려 화폐 발견 기대」, 『강원도민일보』, 2006.11.21)

또 한 회장님은 제게 현재 시중에 나도는 중국
화폐의 경우 모조품일 확률이 높다는 말씀도 들
려주셨는데, 이런 면에서 볼 때 얼마 전 보도되었
던 대진대 서병국 교수의 발해 화폐 소식도 보다
정밀한 검토가 필요할 것입니다.

한영달,
『韓國의 古錢』

『韓國의 古錢』(도서출판 善, 2002) 저자인 한영달
회장님은 원삼국, 삼국시대의 화폐로 보이는 철정전(鐵鋌錢)을 고증하
신 분이고, 또 현재 조폐공사 소속 화폐박물관의 고문으로도 계신 분이
니 우리나라 화폐연구 분야에서 그 위치를 짐작하실 수 있을 것입니다.

한 회장님과 다음을 기약한 저는 시내 서점에서 한국 청동기를 이
해하기 위해 금속재료공학과 금속공예 관련서 그리고 『한국의 화폐』
(대원사) 등을 살피고 동묘 부근의 헌책방으로 발길을 돌렸습니다. 모
처럼 들러보니 낯선 책이 더러 보였는데 이호영(李昊榮)의 『韓國古代史
의 理解』(형설출판사, 1979)라는 작은 책이 눈에 들어왔습니다.

이호영이라는 저자에 대해서는 아는 바가 없어서 주인에게 물어보
니 모르겠다는 대답이 돌아왔습니다. 책을 펼쳐들고 「청동기문화와 철
기문화」에서 「철기문화의 등장」이라는 장을 읽어보았습니다. 마침 명
도전과 관련해서 흥미로운 대목이 등장했는데 명도전의 비밀을 추적
할 수 있는 또 하나의 단서가 될 수도 있겠다 싶어서 관심이 갔습니다.

"한 가지 중요한 것은 명도전이 청천강 이북 지역에만 집중되어 있
으나, 철기문화는 한반도 전 지역에 분포되어 있다는 사실이고, 더구

나 초기 청동기인 만주식 동검(비파형동검)이 남한에도 유포되고 그 다음 단계의 형식인 세형동검도 한반도 전 지역에 분포되었으며, 이 세형동검은 우리나라 특유의 한국식 동검인 것입니다. 그리고 이 세형동검을 만들어 내는 틀[鎔范]이 발견되므로 자체 생산임을 알 수 있고 이 세형동검은 철제품과 반출되고 있습니다. 그러나 철기의 보급을 표징하는 명도전만은 청천강 이남에서 발견되지 않는 이유는 무엇인지 알 수 없습니다."

이호영 선생은 비록 정확한 것은 모르겠지만 한반도 전역에 걸친 청동기나 철기에 비해 당시에 철기문화의 도래를 나타내는 것으로 여겨졌던 명도전이 대동강 유역 이북의 한반도 서북한 지역에서만 집중적으로 나타나는 사실에 무언가 이상한 느낌을 받았던 모양입니다. 명도전은 분명 우리 역사에 있어서 매우 이상한 유물임에 틀림없는 것 같습니다.

이 정체불명의 명도전은 도대체 어떻게 해서 고조선 영역에 나타나게 된 것일까요? 여기까지 작성하고 잠시 이호영 선생에 대한 자료를 확인해보니 단국대 사학과 교수를 역임했던 분으로 저서에는 『신라 삼국통일과 려제패망원인연구』가 있는 것 같습니다.

이밖에 고고학적 유물상으로도 청천강을 경계로 차이가 나타난다는 것은 다른 연구자들의 언급도 있습니다. 그중에서 명도전과 관련해서 노태돈 교수의 「고조선 중심지의 변천에 대한 연구」(『한국사론』 23)를 보면 "명도전이 고대교통로를 따라 요동과 서북한 북부지역에서 대량으로 출토되는데 청천강이 그 분포상 주된 경계선을 이룬다."고 하였습니다.

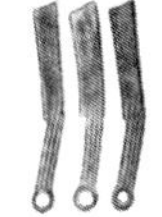

조개화폐와 경제적 기반

오늘은 명도전의 위아래를 거꾸로 대비시켜 살펴보았습니다. 다양한 각도에서 명도전의 문양과 형태를 관찰하려는 뜻에서 그렇게 했습니다. 요즘 계속해서 고조선 관련서와 논문을 읽고 있는데 그중에 윤내현 교수의 「고조선의 경제적 기반」(『백산학보』 제41호)(1993)을 보았습니다.

이 논문을 읽다보니 박선미 선생의 「웅기 송평동 출토 패각 및 패각형 옥 검토-한반도 동북지역의 화폐사용과 관련하여」(『한국고고학보』 56)(2005)와 비교해 보게 됩니다. 조개화폐의 사용 이야기는 오래전부터 고고학에서 다루어 왔지요.

장박천 교수의 주장대로 원절식 명도전이 조선후국의 화폐였다는 것을 보다 뒷받침하려면 후대 고구려의 화폐 연구도 필수적이지만 이전의 화폐 상황도 중요한 검토의 대상이 됩니다.

물론 여기서 한 가지 중요한 것은 화폐 사용의 연속성이 없을 수도 있다는 가정도 필요합니다. 전국시대 연나라의 영향력이 한반도 서북한과 동북을 비롯한 발해연안에 미치고 있었을 때에만 명도전 등을 이 지역에서 사용했을 수도 있기 때문입니다.

윤내현 교수는 고조선의 경제력과 관련해서 요동반도의 해상 교역을 언급했습니다. 박준형의 논문에서도 우리가 한 차례 검토한 적이 있는데 박선미 선생의 논문에서도 웅기 송평동 패화의 이동 루트를 산동반도의 묘도열도-요동반도-압록강-두만강으로 본 적이 있습니다.

그런데 흥미로운 것은 이 같은 패화에 사용된 조개들의 출토지 성격에 대한 것입니다. 패화에 사용된 이 같은 조개들은 어디에서 나온 것일까요. 이들은 대개가 남방과의 교역에서 나온 것으로 보았습니다. 중국 고대에서는 이들 바다조개의 일종인 자패(紫貝)가 진귀한 물건으로 취급되었다고 하지요.

그런데 조개의 출처를 요동반도 여순지구로 볼 수도 있겠다는 생각을 해봅니다. 이 같은 생각을 하게 된 것은 현대 중국유적답사기를 읽다가 요동반도 남단의 여순지역에서 오늘날에도 아름다운 조개가 많이 어획된다는 기록을 본 때문입니다.

박선미 선생은 이청규의 논문을 인용하여 요동반도의 패화 유적을 언급했는데 요동반도와 산동반도의 교역 루트에서 발견된 패화에 대한 유적 보고는 이렇습니다.

"적봉 오한기 대전자에서 이른 시기의 貝貨가 발견되었고 영성과
능원에서도 발견되기는 하였으나 요하 동쪽에서는 발견예가 없고 곧
바로 요동반동에서 출토예가 있다. 반면 산동반도의 경우는 내륙은
물론이고 산동반도에서 요동반도까지 직선거리로 가장 가까운 長島
縣에서 貝貨가 다량으로 발견되었고 요동반도에서는 타두 적석묘와
강상유적과 같이 이른 시기에서 늦은 시기까지 貝貨의 존재가 확인되
고 있다."

강상유적은 오늘날 대련지구에 위치한 곳인데 여순과 가까운 곳이
므로 여순지역의 아름다운 조개를 패화나 장신구 등으로 활용하지는
않았을까 하는 가정도 해보게 됩니다.

물론 근해의 흔한 조개를 패화에 사용했다고 보기에는 무리가 있으
므로 태평양 군도나 남지나해 등 남방으로부터 유입되었다는 설이 보
다 설득력을 얻지만 남방 유적에서의 패화 출토를 검토하여 북방 조개
와 비교해보는 것도 의미있는 작업일 것입니다.

분명 아름다움에서 뛰어난 여순지역의 조개가 상당수 어획되었다면
발해연안의 조개화폐 적어도 장신구 등에서는 이들 지역의 조개가 활
용되었을 것으로 보는 일이 불가능한 것만은 아닌 듯싶습니다.

그리고 위 박선미 선생의 논문 가운데 매우 흥미로운 것은 산동반도
와 요동반도와의 지속적인 접촉 여부입니다. 이점에 대해서는 저 역시
발해연안의 고지도를 보면서 강조했지만 이들 지역의 유적은 다수의
공통점이 존재합니다.

산동반도의 묘도열도에서 황해상의 해상루트를 통하여 요동반도와 산동반도 사이를 이어주는 루트는 양 지역에서 공통적으로 발견되는 지석묘와 볍씨자료, 비파형동검 등에서도 확인된다.

명도전도 연나라와 제나라의 명도에 어떤 연관성이 있고 장박천 교수의 논문에서도 지적하겠지만 제나라 산동지역에서 발굴되는 조선후국의 것으로 보이는 명(明)자 문양 명도전은 양자의 교역을 암시한다고 하겠습니다.

그렇다면 왜 많은 양의 명도전이 한반도 서북부와 발해연안에 있는 연나라와 제나라 지역 등에 집중되어 나타나고 한반도 다른 지역에서는 극히 드문 것일까요? 앞에서 언급했듯이 연나라의 영향력이 발해연안에 미치는 일정 시간만 효력을 발했던 것으로 추측해 볼 수도 있습니다.

그 시기는 대략 연나라의 전성기를 포함하여 연나라가 고조선의 서쪽지역을 침략 복속시킨 시기로 보면 대략 부합될 것 같습니다. 연나라가 멸망할 무렵 진나라에 의해 전국시대가 종결되고 천하가 통일되자 모든 단위가 표준화되었습니다. 이렇게 되자 명도전 역시 연나라와 제나라를 비롯한 발해연안 동북지역에서 화폐로서의 역할을 더 이상 수행할 수 없었던 것으로 보입니다.

오늘은 명도전의 그림을 거꾸로 대비시켜 살펴보았듯이 명도전이 고조선 자체의 화폐가 아니라 발해연안 동북 일대가 연나라의 영향 하에 있었던 시기에 통용되었던 '동북공용화폐'의 일종이라는 입장에서도 언급해보았습니다.

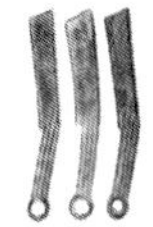

제대도와 계명대 박물관

지난 시간에는 다소 실망스러울지 몰라도 명도전이 원절식과 방절식을 포함해서 모두 연나라 영향 아래에 있었던 화폐로 그리하여 발해연안 동북 일대에서 사용되었을 가능성에 대해서도 검토해보았습니다.

물론 이것은 총체적인 결론은 아니며 장박천 교수의 논문에서 주장하는 요지와도 다르므로 아직은 성급한 판단을 보류해야 할 것입니다. 이미 밝혔듯이 장박천 교수는 원절식 명도전을 기자 이후 즉 조선후국(朝鮮侯國)의 화폐로 본다고 하였습니다.

첨수도에 나타난 죽, 기, 명 등의 문자는 바로 고죽과 기가 명이, 즉 조선 지역에 있었다는 것을 말해주며 기자가 강성해진 이후 조선후국으로 국명을 바꾸게 됨에 따라 화폐개혁을 단행하여 명(明)을 뜻하는 문양으로 통일되었다는 이야기도 하였습니다.

오늘은 다소 지루하고 힘들더라도 장박천 교수의 논문을 일부 번역해서 또 다시 검토하겠습니다. 번역에 들어가기에 앞서 귀중한 자료가 도착했는데 간단히 소개를 하겠습니다. 먼저 지인의 도움으로 중국에서 과거 제나라의 대도인 제대도(齊大刀) 두 점이 저에게 배달된 일입니다.

눈앞에 놓고 손으로 직접 만져보며 들여다보고 연구하는 기분이 다소 묘합니다. 제나라의 대도라는 제대도! 우리가 연구하는 명도전과 어떤 관계에 있었는지도 매우 궁금한 일입니다.

제나라는 누차 강조하지만 요동반도와 가까운 지역으로 고조선은 BC 7세기 무렵 제나라와 교역을 행한 것으로 나옵니다. 칼 모양의 제대도는 분명 도전 형태의 명도전과도 밀접한 연관이 있을 것입니다.

또 하나는 계명대학교 행소 박물관의 『韓國과 中國의 古錢-전석길 교수 기증화폐 특별전』(2000)이라는 도록인데, 귀중한 자료를 보내주신 계명대학교 박물관 선생님께도 감사의 인사를 드립니다.

계명대 박물관은 대학 박물관으로는 드물게 화폐전을 개최한 박물관인데 이들 전시 화폐를 기증한 분은 계명대 의대 전석길 교수입니다. 아래는 전석길 교수의 기증 화폐 가운데 하나인 유물번호 「전 0042」의 명도전입니다.

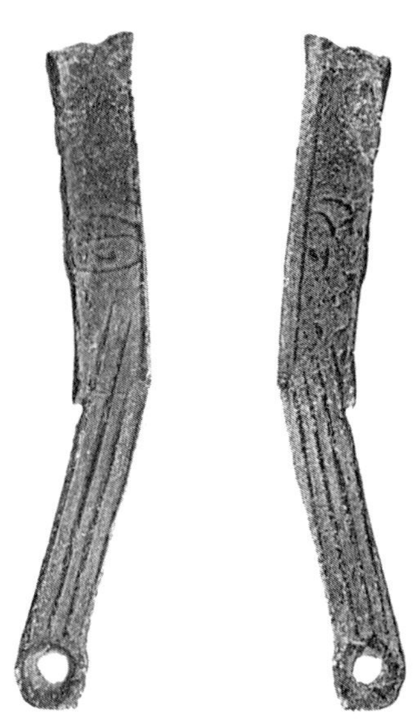

전석길 교수 기증 명도전
앞면(좌)과 뒷면(우)

　참고로 박물관에서 펴낸 도록에는 위의 명도전에 대해 이렇게 설명하고 있습니다.

　"명도전은 춘추 말기에 출현하여 전국시대에 연(燕)의 각지에서 제작되어 주로 유통되었던 도전(刀錢)의 일종으로 표면에 '明'자형의 문양이 주출되어 있어 이러한 이름이 붙여졌다. 그리고 명도전의 배면(背面)에는 숫자·간지·좌우 등의 문자와 지역명 등이 주조되어 있는데 이것은 당시 전(錢)을 주조했던 지역 혹은 단위를 나타내는 것으로 추정하고 있다. 즉 간지는 주조연대, 지명은 주조지역과 관련되는 것이며 숫자는 화폐의 중량단위로 보고 있다. 명도전의 크기는 일반적으로 12.5~13.5㎝이며, 손잡이에 3조의 직선문양이 길이로 나 있으며 끝부분에는 원형의 고리가 있다. 재료는 모두 청동이며 용범에 의해 주조된다. 발견되는 도전(刀錢) 중에는 명도전이 대부분이며 수백, 수천 매의 묶음으로 출토되는 경우도 있다. 출토지역은 주로 요하이서(遼河以西)를 비롯하여 요동(遼東), 길림성(吉林省) 서남부 일대 및 대동강 이북의 한반도 서북한 지역이다. 한반도에서 출토된 주요 유적에는 자강도 위원군 용연동 유적, 평안북도 연변군 세죽리 집자리 유적 등이 있다. 명도전은 전국 시대 말기 중국의 문화가 한반도로 파급된 것을 나타내는 자료로서 우리나라 초기 철기문화상을 밝히는데 많은 도움을 주고 있다."

여기서 한 가지 밝히고 싶은 것은 한국교원대 송호정 교수의 저서 『한국 고대사 속의 고조선사』(푸른역사, 2003) 「화폐 저장갱 유적과 그 의미」에도 명도전 그림이 소개되어 나오는데, 이 그림의 출전 역시 전석길 교수가 기증하고 계명대 박물관에서 펴낸 도록『한국과 중국의 고전』(2000)속의 명도전으로 보입니다.

또 이 도록에는 다음과 같은 자모전 기록이 소개되어 있어서 좋은 참고가 되는데 앞으로 이 부분에 대해서도 검토할 예정입니다.

| 子母錢 | 箕子朝鮮 | 『歷史輯略』券2. 興平王條,『東國史略』券1 |
| | | 『大東歷史』券2. 興平王章,『大東史綱』券1 |

이들 귀한 자료로 「고조선의 화폐와 명도전의 비밀」이라는 주제에 한 걸음 더 나아갈 수 있다면 그리하여 한국 고대사의 미스터리를 해

결하는데 기여할 수 있다면 더 이상 바랄 것이 없겠습니다.

그럼 번역으로 들어가겠습니다. 이번 번역에는 장박천 교수가 후한 말 주석가들의 낙랑조선설에 대한 착오를 밝히는 대목이 등장하고 있습니다.

> "이 문제에 대해서 과거의 연구들은 주의를 기울이지 않았고, 주로 후한 말 이래 줄곧 기자와 기자 이후의 조선이 낙랑에 있었다는 영향을 받아서, 연소왕 전성기 이전의 요서와 요동의 귀속 및 변화의 역사에 대해서 분명치가 않았다. 그래서 기자와 기자 이후의 조선이 모두 낙랑에 있었던 것으로 잘못 알고 있었다. 기자가 나아간 명이[箕子之明夷(朝鮮)]는 바로 기자의 그릇이 출토된 요서 지방이며, 이백(李白)의 『동이잡고(東夷雜考)』 등에서도 모두 이 같은 설을 주장하고 있다."

여기서 홍미로운 것은 장박천 교수가 인용한 내용 가운데 등장하는 이백(李白)이라는 인물입니다. 이백은 우리가 당시(唐詩)하면 떠오르는 "이백과 두보" 할 때의 바로 그 이태백(李太白)입니다. 그런데 왜 이 시인이 나올까요?

술과 시의 대명사로 알려진 이태백은 오늘날 20대의 태반이 백수라는 불행한 유행어의 원조가 되기도 하는 시인인데, 우리가 생각하는 그런 단순한 시인은 아니었고 비록 짧은 기간이었으나 관직 생활도 하였습니다.

이백하니 최근 KBS 드라마 「대조영」과도 관련해서 중앙일보(2006.

9. 19) 홍콩 특파원 최형규와 장세정 기자의 기사가 생각납니다. 이들에 의하면 홍콩 능인 서원 한국학과 김광석 교수가 「발해족의 형성과 그 사회형태연구」라는 논문에서 "발해는 당나라의 이백도 외국으로 인정한 명백한 한민족의 역사"라고 강조했던 사실이 떠오릅니다.

여하간 이태백의 『동이잡고』는 확인해보지 않아서 원문을 알 수 없지만 이태백이 말갈어에 정통해서 발해와 중국 간 외교문서를 번역했다는 이야기도 있습니다. 『동이잡고』는 시간을 내서 확인 보완하도록 하겠습니다.

"기자 이후 조선후국의 활동 중심지가 어디였는지에 대해서 사서상의 기록이 전혀 없지는 않다. 예를 들어 『사기·조선열전』에는 전국시대 연나라의 전성기 때 '일찍이 진번 조선을 침략하여 복속시켰다[嘗略屬眞番朝鮮]'는 기록이 나온다. 『사기·색은(史記索隱)』에서는 '두 나라를 침략하여 자신에게 복속시켰다[略二國以屬己]'라고 하였다. 『한서·조선열전』에서 안사고(顔師古)는 주(注)를 '전국시대 연나라가 이 지역을 침략하여 얻었다[戰國時燕國略得此地]'라고 하였다.

이처럼 사서의 기록 모두가 진번 조선의 원래 지역이 연나라에 의해 침략 복속되었을 뿐만 아니라 연나라의 소유가 되었다고 설명하였다. 또 『박물지』에서는 조선이 연나라에 정벌당하자 조선이 땅을 잃고 망입해(亡入海)[낙랑]하였다고 기록하여 기자 이후 조선의 변화에 대한 기록이 분명하다고 말할 수 있다.

기록상으로 보면 연나라가 진번 조선 지역은 이미 점령하였지만 조선이 망입해(亡入海)한 낙랑지역은 아직 점령하지 않았다. 만약에 조선후가 일찍이 낙랑지역에 있었다면 '망입해[亡入海]'가 아니라 '퇴거

해(退居海)'가 되는 셈이다.

　연나라가 진번 조선 두 나라의 지역을 점령한 이후 조선 지역에는 요동군을 진번 지역에는 장새를 설치했는데, 조선후국의 옛 지역이 요동에 있었다는 것을 미루어 알 수 있는 바, 지금의 요하 이서의 일부 지역을 포함하였다.

　만약에 첨수도의 산지가 죽(竹)과 기(箕)의 지방이라고 한다면 첨수도와 직접적인 계승 관계에 있는 원절식 도전은 마땅히 조선후국이 명이(明夷, 조선)라는 지역 명칭을 국가 명칭으로 바꾼 이후의 일이며 또한 명(明)을 표면문양으로 삼은 화폐로 보아야 할 것이다."

그런데 장박천 교수가 기자 이후 조선후국의 화폐라고 주장하는 원절식 명도전의 문양을 참고할 수 있는 좋은 자료가 마침 계명대 행소박물관 도록에 등장합니다. 여러분의 편의를 위해서 소개하면 다음과 같습니다. 전석길 교수의 기증품으로 유물번호

명화환전
전석길 교수 기증

는 「전0053」인데 도록의 설명에 "명화환전 전국시대, 크기 2.2㎝"라고 나옵니다.

명(明)자로 알려진 ☽ 문양이 새겨진 명화환전인데, 보는 것처럼 화폐의 표면 우측에 날 일(日)과 달 월(月)의 옛 형태가 합쳐진 ☽ 문양입니다. 장박천 교수는 바로 이 문양과 유사한 ☽ 문양의 명도전을 명이(明夷), 즉 조선의 화폐로 본 것이지요.

☽ 이 문양은 첨수도를 비롯해서 이를 계승한 원절식 명도전 그리고 전국시대 말기인 연희왕(燕喜王, 재위기간 BC254~222) 때의 명화환전에

모두 나오는데 장박천 교수의 논리를 따른다면 이들 문양이 나오는 화폐는 모두 명이 지역의 것으로 보아야 하는 셈입니다.

명화환전의 주조시기는 대략 연나라 희왕이 요동으로 이전했다는 BC 226~222 이후에 주조된 것으로 보는데 물론 그 정확한 이동지와 원인은 잘 모르겠습니다. 아마 천하통일을 앞둔 진나라의 추격에 밀려 요동 지역으로 이동한 것이 아닌가 하는 그런 추측을 해보게 됩니다.

오늘날 명화환전의 출토지는 길림성 집안과 요녕성 능원 그리고 하북성 역현 연하도 등으로 알려져 있는데 출토되는 명화환전의 경우 속의 날 일(日)을 뜻하는 0 문양 속에 점(點)이 있는 것과 없는 것의 구분도 있습니다. 여기 소개된 명화환전은 점이 있는 화폐입니다.

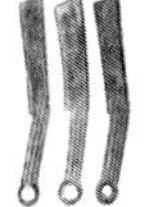

샹폴리옹 vs 하인리히 슐리만

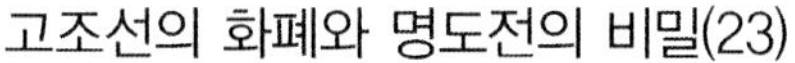

이집트의 상형문자를 해독하여 신비의 세계로 우리를 안내한 이는 프랑스의 천재 언어학자 샹폴리옹이고, 그리이스 신화의 세계를 실재한다고 믿고 트로이 유적을 발굴한 이는 슐리만이라는 고고학자입니다. 이들의 열정으로 인류는 고대 신화의 세계에 진입할 수 있었습니다.

고고학하니 마침 모레 16일이 수능시험을 보는 날인데 예전에 대학 진학할 때 고고학이라는 학과에 대해 우스운 설명을 하던 '유모어' 만화를 본 기억이 납니다. 그 시절에는 시험보고 성적이 나오면 거기에 맞춰서 진학하던 시절이라 진학 지도가 충분치 못했지요. 역사학과 등은 이해가 갔지만 고고학과라는 것은 다소 생소했습니다.

바로 그 만화에 고고학과에 대해 묻는 어린 학생을 옆에 두고 '고고 춤'을 추는 모습을 그려 놓았던 삽화가 떠올라 웃음이 납니다. 고고(考

古)라는 한자도 모르고 고고학이 무엇을 하는 학문인지도 몰랐을 때
이니 당시 유행하던 '블루스'나 '고고춤'으로 그린 만화를 보고도 그런
가보다 여긴 것이지요.

요즘처럼 그 당시 고고학이 그렇게 매력적인 것으로 다가왔더라면
진로가 바뀌었을지도 모를 일입니다. 최근 연세대박물관과 국립고궁
박물관에서 매우 중요한 구석기 유물과 연해주 일대 발굴 유물을 전
시하고 있다고 합니다.

연세대박물관은 구석기 유물의 상당수를 보유하고 있지요. 손보기
교수 이래의 전통도 강하고 충북대 이융조 교수도 그 전통을 이어 받
고 있는 대표적인 고고학자의 한 사람으로 알려져 있습니다.

국립고궁박물관의 전시 유물도 중요한데 아무르강 일대의 유물은
신석기 최고의 토기로 연대 측정이 나오고 연해주 일대의 유물은 우
리와 관련해서 부여, 발해의 유적과도 밀접한 관련이 있습니다. 아무
르강 하니 다소 멀게 여겨지지만 흑룡강으로 보아도 됩니다. 흑룡강
은 고대 부여의 북단으로 본 학자도 있었다는 것을 기억하면 좋겠습
니다.

그러면 다시 우리의 주제로 돌아와서 과연 명도전이 고조선과 동양
고대의 신비를 해결하는 그 같은 역할을 할 수 있을까요? 아쉽지만 저
는 천재적인 언어학자 샹폴리옹도 아니고 열정의 고고학자 슐리만도
아닙니다. 그런 제가 최근 명도전을 탐구하게 된 것은 전적으로 우연
의 사건일 뿐입니다. 그러므로 제게서 어떤 놀라운 결과를 기대하기란

어려울지도 모릅니다.

　제가 이집트 상형문자를 들여다보니 지난 시간에 명화환전의 경우 날 일(日)을 뜻하는 0 문양에 점이 있다는 것을 말씀드린 기억이 납니다. 이집트 상형문자에서는 동그란 원(圓) 안에 점(點)이 하나 있는 것이 태양을 상징하는데 이 같은 문자가 등장하는 것을 읽어보니 태양을 비롯하여 새벽(dawn), 낮(day), 햇빛(sunlight), 오늘(today), 시간(time) 등과 밀접한 관련이 있습니다.

　이집트인에게 태양은 시간과 관련된 어떤 의미를 나타내는 문자로 작용한 것 같습니다. 명도전의 ☽ 문양도 일부 학자들은 명(明)으로 보고 있습니다. 밝을 명(明) 말입니다. 그런데 명(明)하면 새벽, 밝음, 태양 그리고 아침[朝], 동이 트는 지역, 해가 떠오르는 지역 등 이런 것이 연상되지 않습니까? 저만의 생각일까요?

　중국인 그러니까 고대 중국 중원 지역의 사람들에게 동방에 있는 지역은 해가 떠오르는 지역으로 여겨진 것 같습니다. '조선'이니 '명이'니 하는 것도 모두 해가 뜨는 지역으로 연결됩니다. 지금 장박천 교수도 명이와 조선에 대해 대략 그와 비슷한 주장을 하고 있습니다.

　중국 고대 문자학과 성운학의 성과를 빌려서 동방명의(東方明矣), 동방창의(東方昌矣) 속의 명과 창자를 고증하여 명이, 즉 조선의 의미를 날이 장차 밝아오는 것 등으로 본 것만은 분명한 것 같습니다.

　그런데 장박천 교수가 주장하는 바에 의하면 방절식 명도전은 연나라의 전성기인 연소왕 때의 화폐라는 것인데, 우리가 이 주장을 따를 경우 한반도 서북한의 용연동 유적에서 출토된 명도전은 원절식이 아닌 방절식으로 연나라 화폐에 가까운 모습을 보여주고 있습니다. 이 문제는 보다 고증이 필요하므로 차후에 재론하도록 하겠습니다.

Sign / Transliteration

Sign	Standard Transliteration	Manuel de Codage		
eagle	𝟛	A		eagle
leaf	j	i, j	corresponds to Hebrew yod	leaf
arm	ꜥ	a		arm
chick (Later)	w, u	w		chick
leg	b	b		leg
stool	p	p		stool
horned viper	f	f		horned viper
owl (Later)	m	m		owl
water (Later)	n	n		water
mouth	r	r		mouth
reed shelter	h	h	/h/ like in English *he*	reed shelter
twisted wick	ḥ	H	/h/ like in Arabic *Ahmad*	twisted wick
placenta	ḫ	x	/x/ like in German *Buch*	placenta
animal's belly	ẖ	X	/ç/ like in German *ich*	animal's belly
bolt	z	z		bolt
folded cloth	s	s		folded cloth
pond	š	S	/š/ like in English *She*	pond
hill slope	ḳ	q		hill slope
basket with handle	k	k		basket with handle
stand for jar	g	g		stand for jar
loaf	t	t		loaf
teathering rope	ṯ	T	/t/ like in English *choke*	teathering rope
hand	d	d		hand
snake	ḏ	D	/d/ like in English *joke*	snake

이집트 상형문자

명도전은 현재까지의 검토에 의하면 "연나라의 화폐다"라고만 하기에도 문제가 있고, 그렇다고 "아니다, 고조선의 화폐다"라고 단정하기도 어렵습니다. 그렇다고 "동북공용화폐다"라고 하기에도 역시 어려움이 따릅니다. 이 정체불명의 화폐를 어떻게 할 것인가요?

우리가 명도전을 중국 전국시대 연나라의 화폐로 받아들이면 굳이 고민할 필요는 없습니다. 그런데 문제는 출토 지역의 범위와 수량이 무언가 석연치 않다는 것입니다. 계속해서 장박천 교수의 주장을 살펴보고 원절식 명도전이 고조선의 화폐라는 주장을 뒷받침해줄 경제 활동을 분석해보도록 하겠습니다.

"셋째, 기자 이후 조선국(朝鮮國=기자조선)의 존속 기간과 경제 무역의 발전이라는 측면에서 볼 때 나는 원절식(圓折式) 명도전(明刀錢)은 조선후국(朝鮮侯國)의 화폐에 속하는 것으로 본다."

지금까지 논문이나 저서 가운데 명도전, 보다 정확하게는 원절식 명도전의 국가 귀속을 기자조선으로 주장한 것은 아마 장박천 교수의 이 논문이 처음이 아닌가 싶습니다. 그것도 중국학자의 논문에서 말입니다. 명도전에 대한 새로운 인식의 전환을 마련하는 좋은 계기가 될 수도 있을 것입니다.

대릉하유역의 청동기

장박천 교수의 논문을 통해서 살펴보았듯이 명도전 가운데 원절식을 기자조선의 화폐로 볼 수 있는데, 국립중앙박물관 소장의 보기와 같은 명도전들은 모두 방절식에 가까운 것으로 장박천 교수의 주장을 따른다면 중국 전국시대 연나라의 화폐가 되는 셈입니다. 물론 방절식 명도전도 좀더 엄밀한 검토는 필요합니다.

여하간 이렇게 본다면 한반도 서북한과 요동 일대의 고조선 지역에서 많이 출토되는 명도전의 대부분이 방절식인데 이들은 모두가 고조선의 화폐가 아닌 연나라의 화폐로 결론이 내려지게 됩니다. 그러므로 명도전이 고조선의 화폐라는 주장이 보다 설득력을 지니려면 상당한 연구가 필요합니다.

그러나 이제껏 시도된 바가 없는 새로운 논문을 통해 적어도 원절식 명도전의 경우 기자조선의 화폐일 가능성을 주장하는 견해가 나왔으므로 우리가 명도전의 특수한 사정에 대해 보다 연구할 필요는 있습니다.

명도전과 고조선 연구를 위해 오늘 제가 참고한 논문은 이형구 교수의 「대릉하 유역의 은말주초 청동기문화와 기자 및 기자조선」(『한국상고사학보』, 1991)이라는 논문입니다. 이형구 교수는 오래전부터 발해 연안 대릉하 유역이 문명 발상지라는 주장을 해왔는데 갑골문도 여기서 기원한 문자로 보고 있습니다.

또 윤내현 교수의 「위만조선의 재인식」(『史學志』(제19집), 단국대, 1985. 12)이라는 논문도 참고했는데 윤내현 교수의 각종 논문을 읽다보니 「인류사회진화상의 고조선 위치」(『史學志』(제26집), 단국대, 1993. 7)라는 논문에 흥미로운 언급이 보여서 일부 소개하고자 합니다.

"학자는 자신이 활동할 당시에 주어진 학문의 수준에서 최선을 다하려고 노력할 뿐이다. 따라서 이론의 틀이 수정되거나 보완되고 새로운 자료가 추가되면 연구결과는 다르게 나타나기 마련이다. 그것은 학문의 발전을 의미하는 것이다. 그렇기 때문에 종래의 견해를 고집하는 것도 조심해야 하겠지만 종래의 연구들을 부질없는 것으로 비난하는 것도 삼가야 할 것이다. 학문은 그러한 논의과정을 거쳐서 발전하기 때문이다. 필자가 위에서 여러 견해들의 문제점을 지적한 것은 그들을 비난하기 위한 것은 결코 아니며 한국 고대사회에 대한 그간의 연구과정을 이해하고 그 현주소를 알기 위한 것이다."

그렇습니다. 전대의 학설을 터무니없는 것이라고 비난해서는 안 되는 이유가 바로 여기에 있는지도 모릅니다. 모두가 당대의 자료에 즉해서 연구한 결과이니 말입니다.

제가 이 말씀을 드리는 것은 앞으로 고조선 지역에서 새로운 유적이 발굴되고 고조선의 화폐 유물 등이 나타나면 원절식 명도전은 물론이고 방절식 명도전도 고조선의 화폐 또는 동북공용화폐라는 학설이 나올 가능성도 있기 때문입니다.

그러나 지금 이 순간에 그 같은 상상과 비약으로 현대 학문을 할 수는 없습니다. 학자라면 그 같은 비약과 심증만으로 학문적 성과를 낼 수는 없는 것입니다. 주어진 자료를 논리적으로 분석해서 주장해야 하지요. 장박천 교수의 논문을 또 보겠습니다.

"원절식 명도전은 연나라 경내에서 나오지 않는다는 견해에 나는 동의한다. 또 원절식 명도전의 시기 분석에 대해서도 나는 대체로 춘추에서 전국 초로 보는 것에 동의한다. 기자 이후 조선이 기후를 조선후로 고친 것이 서주에서 춘추 사이로 보이는데, 조선후가 강대하여 요하 동서 지역을 점령한 이후, 이들 활동의 중심지는 요서에서 요동, 지금의 요양으로 옮겨 갔다.

그러므로 원절식 명도전이 요서 지역의 첨수도를 대체한 시기는 춘추시대에서 연나라가 조선을 정벌한 그 사이에 속하는 기간이다. 연나라가 조선을 정벌하고 연나라가 멸망한 시기에 오늘날의 동북 요하의 동서는 방절식 명도전이 전파 분포된 지역이다.

『사기』『박물지』 등의 기록에 의하면 연나라가 조선을 정벌하기 이전의 요동 지역은 연나라에 속하지도 않았고, 그렇다고 연나라와 조선 이 두 나라가 관리하지 않고 내버려 두었던 지역도 아닌 기자 이후 조선후의 점거 지역이었다."

여기서 중요한 것은 원절식 명도전이 연나라 경내에서 나오지 않았다는 것입니다. 원절식 명도전이 기자조선의 화폐일 가능성이 여기에 있는 것이지요. 물론 이 당시의 상황이 나중에 고고 발굴로 어떻게 되었는지는 모르지만 말입니다. 또 요하 동서를 기자조선이 점령하고 있었다는 주장도 흥미로운데 여기에 대해서는 참고할 좋은 논문이 있습니다.

바로 앞에서 제가 소개했던 이형구 교수의 대릉하 유역 청동기 유물에 대한 기자조선 관련 논문입니다. 매우 설득력이 있고 흥미롭게 다가옵니다. 그런데 이들 대릉하 유역 청동기 사용 집단에 대해 한국교원대 역사교육학과 송호정 교수는 「대릉하 유역 은주 청동예기 사용 집단과 기자조선」(『한국고대사연구』(38), 2005)이라는 논문에서 비판한 바가 있습니다.

"기자를 대표로 하는 주민집단의 존재는 인정할 수 있어도 요서 대릉하 유역이 기자조선이었다는 논리는 성립하기 어렵다. 기자조선과 관련하여 언급되는 고죽이나 기자집단 영지 등은 대개 은의 유이민이 중심이 된 집단들이었지만 결국은 토착 융적(戎狄) 문화에 흡수되어 존재했던 것이다."

이에 대해 다시 김종서 박사는 송호정 교수의 연나라 영향설과 명도전이 연나라 수도에서 만들어지지 않고 요양시 등지에서 만들어졌

다는 것을 근거로 명도전이 연나라 화폐가 아니라는 것을 실증적으로
보여준다고 하여 반론을 제기한 바 있습니다. 그러나 이 주장도 여전
히 문제는 있습니다.

연나라 화폐설을 부인하는 그 같은 주장이 사실이라면 좋겠는데, 중
국의 황석전이 집필한 『선진화폐통론(先秦貨幣通論)』을 보면 하북성 연
하도에서 1965년 이래로 온전한 명도전이 33,315매(枚)나 출토되었고
명도전 도범(刀范)까지 출토되었습니다.

그러므로 대릉하 유역의 토착 융적(戎狄) 문화설을 주장하는 송호정
교수나 연나라 화폐설을 전면 부인하는 김종서 박사 등의 주장에 모
두 얼마간 문제는 있는 셈입니다. 명도전은 그렇게 간단히 해결될 성질
의 문제는 아닌 것 같습니다.

고조선의 강역과 관련해서 '패수(浿水)'만 해도 여러 설이 있지 않습
니까? 하물며 그토록 오랫동안 중국 전국시대 연나라의 화폐로 알려
졌던 명도전에 있어서야 두말할 나위가 없는 것입니다.

한두 편의 논문으로 연나라 화폐에서 하루 아침에 고조선의 화폐로
뒤바뀌기는 참으로 어려운 일입니다. 그러나 이 같은 일이 전혀 불가
능하지만은 않습니다. 바로 장박천 교수의 논문이 그 일말의 가능성을
열어 놓고 있기 때문입니다. 이렇게 글을 쓰다보니 장박천 교수의 이름
끝 자가 천(泉)이라는 것에 눈길이 가는군요.

과거 화폐를 천(泉)이라고 했기 때문입니다. 옛날 화폐를 그래서 고

천(古泉)이라고 했지요. 물론 장박천 교수는 너른 샘물 같은 사람이 되
라는 뜻으로 사용했겠지만 명도전과 관련해서 등장하니 그 이름도 우
연으로 보이지 않습니다.

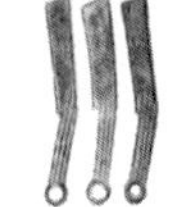
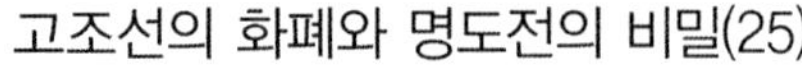

고조선의 경제와 8조법금

원절식 명도전이 기자조선의 화폐일 가능성이 제기된 논문을 검토하고 있는데 오늘은 고조선의 8조법금이라는 대목이 등장합니다. 우선 장박천 교수의 논문을 먼저 살펴보겠습니다.

"경제와 무역의 발전 상황에서 보면 기자 이후 조선은 지금의 요하 동서에 있었는데 이 시기가 바로 기자조선의 흥성(興盛) 기간이었다. 기후(箕侯)가 요서에 있었을 때는 기본적으로 은나라의 청동제조기술을 계승하여 지역이나 민족적인 특색이 아직 형성되지 않았다. 그러나 춘추에서 전국 초에 조선후국의 물질문명이 발전하자 지역적 민족적인 특색이 분명하게 나타났다."

기자조선의 위치를 장박천 교수는 지금의 요하 동과 서에 걸쳐 있었던 것으로 파악하고 있습니다. 물론 초기 기자의 봉지인 조선은 지금의 북경 일대 난하 유역으로 알려져 있습니다. 더러 조선에 기자를 봉한 것과 기자조선을 따로 보는 비판적인 시각도 있으나 여기서는 일단 원문을 따르겠습니다.

또 청동제조기술을 은나라의 영향으로 보고 있는데 이 지역에서 이미 청동기를 비롯한 문화의 상한 연대가 올라간다는 것도 언급할 필요가 있을 것입니다. 여하간 춘추에서 전국 초를 거치면서 기자조선이 크게 발전한 것으로 보고 있습니다. 그런데 왜 이 시기에 기자조선이 크게 발전하게 되었을까요? 다시 논문으로 돌아와 봅시다.

"이와 같은 것은 문헌과 고고학의 두 방면을 통해서 증명할 수 있다. 『한서지리지』의 기록에 의하면 기자는 그 백성들에게 예의로 가르치고, 농잠 직작을 가르쳤다(敎其民以禮義, 田蠶織作)."

장박천 교수는 중국학자라서 그런지는 몰라도 기자가 조선에 미친 영향을 상당히 중요하게 다루고 있다는 인상을 받습니다. 조선의 발전이 기자의 교화 덕택으로 느껴질 정도입니다.

대릉하 유역설을 주장한 이형구 교수의 논문을 보면 이 대목은 양자가 아주 잘 부합되고 있습니다. 은말주초에 조선에 기자가 봉해진 이후 BC 9~7세기에 이르면 상당히 발전된 모습을 보여주고 있다고 하였습니다. 이형구 교수의 논문을 일부 인용하겠습니다.

"필자는 바로 은말주초에 해당하는 시기(기원전 12, 11세기경)에 발해연안의 대릉하 유역에는 주족으로부터 밀려난 은왕족인 기자를 대표로 하는 기자조선이 건국되었을 것으로 보았다. 발해연안 북부의

대릉하 유역을 중심으로 한 초기 기자조선은 은말주초의 문화형태를
유지하면서 점차 기자조선 고유의 특징적인 문화를 형성 발전하였을
것이다. 대릉하 유역에서 하가점하층문화를 대체한 은말주초의 청동
기문화는 하가점하층문화의 요소를 내포하고 있는 이른바 남산근문
화를 창조하였는데 하나의 요소를 제공하게 된다.

남산근문화는 요녕성 영성현 남산근유지에서 유래되었으며 대체로
기원전 9~7세기경에 발달한 것으로 이해되고 있다. 이 문화는 은말주
초의 청동기 형태와 제작기술을 받아들여 지역적인 특성을 갖춘 독
특한 형태로 변모했으며 특히 청동기에서 두드러졌다. 남산근문화는
새로운 의장을 개발하면서 형성된 청동기문화를 갖고 있는데, 그 대
표적인 청동기가 이른바 비파형 동검이라고 하는 '발해연안식 청동단
검'이다."

신기하게도 이형구 교수의 입장과 장박천 교수의 견해가 매우 흡사
합니다. 장박천 교수가 과거에 이형구 교수의 논문을 보았는지는 모르
는 일입니다. 계속해서 장박천 교수의 논문을 보겠습니다.

"그 나라의 취락은 산천을 부락의 경계로 하였는데, 도성과 읍락 및
가옥이 있었다. 청동기문화도 일정한 수준에 이미 도달하고 있었는데
이 시기에 요하 동서에서 출토된 동북계 청동단검을 보면 그 기술이
상당히 높은 수준으로 발전했을 뿐만 아니라 동시에 지역적 민족적
특색도 지니고 있었다. 사서에 기록된 기(箕), 조선(朝鮮), 진번(眞番)
지구는 그 북쪽이 지금의 길림성 경내까지 이르렀다."

여기서 잠시 위에서 언급한 기자의 교화와 경제 활동에 대해 윤내

현 교수의 「古朝鮮의 경제적 基盤」(『백산학보』 제41호)(1993)을 참고하여
살펴보면 다음과 같습니다.

> "『漢書』 「地理志」에는 '殷(商)나라의 道가 쇠퇴함에 箕子는 朝鮮으
> 로 가서 그 백성을 禮義로써 교화하였으며, 농사짓고 누에치며 길쌈
> 을 하였다. … 그 田民은 豆로써 음식을 먹었다.'고 기록되어 있다. 箕
> 子는 商나라 왕실의 후예로서 周나라가 건국되자 朝鮮 지역으로 망
> 명을 한 인물이기 때문에 이 기록은 商, 周 교체기인 서기전 12세기
> 경의 古朝鮮 상황을 말하고 있다."

당시 고조선의 경제는 기본적으로 농업이지만 고기잡이와 사냥, 길
쌈 그리고 목축업도 발달하였던 것으로 보입니다.

또 장박천 교수는 논문에서 기자조선이 춘추에서 전국 초에 이르러
융성기를 맞이하고 지역적 민족적 특색도 두드러졌다고 하였는데 이
시기에는 중국의 제나라와도 교역을 한 것으로 보입니다.

> "기자 '팔조지교(八條之敎)'는 기자 이후 조선후국과 낙랑조선의 동
> 북에서 가장 오랫동안 시행되었던 치국(治國)의 커다란 법[大法]이었
> 다. 그 나라에서는 의관대검(衣冠帶劍)하고 특산물로 문피(文皮)가 있
> 었는데 바다를 통해 제나라와 상업 무역을 하였다. 제나라 지역에서
> 발견되는 ⑨ 문양의 명도전이 바로 조선후국이 제나라와 상업 왕래
> 를 하였다는 실질적인 증거이다."

한 가지 여기서 이들이 '의관대검'했다고 하는데 검을 차는 풍습이

있었던 것으로 보이며 착용했다는 것은 비파형 동검이 아닐까 생각합니다.

참고로 비파형 동검의 용어 명칭에 대해서, 논문에서 보았듯이 장박천 교수는 동북계 동검으로 그리고 연나라 5군 문제를 다룬 배진영 선생의 논문 「燕國의 五郡 설치와 그 의미」에서는 정자형 곡인 단검 등으로 표현했는데 용어의 통일을 기하기 위해 비파형 동검으로 표현하는 것이 좋겠습니다.

나아가 비파형 동검과 세형 동검의 경우도 남과 북의 학술용어가 다르고 중국 측 용어와도 많은 차이가 있는데 이 같은 사항에 대해서 향후 학계의 통일된 의견이 정립되었으면 좋겠습니다.

특산물로 고조선에는 문피가 있었다고 하는데 문피는 문피(紋皮)로 호랑이 같은 동물의 무늬가 있는 가죽으로 보면 좋겠습니다. 이런 것을 보면 예로부터 동북호(東北虎)가 상당히 유명했던 모양입니다. 고조선과 제나라의 문피 교역 기록은 『관자』에 전하는데 제환공(BC 685~643)과 관중의 대화 속에 등장합니다.

> "귀중한 보물이 7가지 있다고 하는데 … 發과 朝鮮의 文皮도 그 한 가지입니다."(『管子』 「揆道」)

> "한 장의 표범 가죽이라도 여유있는 값으로 계산해 준다면 8천 리 떨어진 發과 朝鮮도 朝觀을 오게 될 것입니다."(『管子』 「輕重甲」)

이 발(發)이라는 것에 대해서도 다소 확실치가 않아서 '발조선' 문제라고 할 수도 있는데, 여하간 조선이 등장하는 것으로 보아 고조선이 춘추시대 초기의 패자였던 제나라와 BC 7세기 경 교역을 한 것을 알 수 있습니다.

장박천 교수는 고조선의 경제 발전과 무역 홍성을 제나라 경내에서 발견된 원절식 명도전에서 그 분명한 증거를 찾고 있습니다.

기자조선과 대동역사

고조선은 과연 화폐를 주조했던 것일까요? 그런데 왜 그 같은 역사의 기록이 중국 고대 사서에 나오지 않는 것일까요? 화폐 주조에 대한 역사의 기록이 자세하게 등장하지 않는 것은 아마 중국 전국시대의 연나라도 마찬가지가 아닌가 싶습니다.

연나라 화폐에 대해서는 국내의 경우 박선미 선생의 논문 「戰國~秦漢初 화폐사용집단과 고조선의 관련성」에 연 문왕(文王, BC 333~301)의 역현 천도 이후 기원전 323년 개주(開鑄) 언급이 보이고, 또 연 희왕의 요동 천거(BC 226~222)후에 나온 일화전, 명화전, 명사전의 주조 언급이 보입니다.

명도전이 오늘날 중국 전국시대 연나라의 화폐로 알려지게 된 것은 앞에서도 말씀드렸듯이 북경대학 마형(馬衡)의 연하도 유적 발굴과 이 같은 주장을 따른 일본 학자의 명도전 연구 때문입니다.

그러나 오늘날 중국의 장박천 교수가 원절식 명도전이 기자조선의 화폐라는 주장을 내놓은 이상 우리가 이를 검증할 필요가 있으며 나아가 기존의 잘못과 착오를 바로잡아야 할 것입니다. 그럼 계속해서 논문을 보도록 하겠습니다.

"사서(史書)에는 조선후국이 화폐를 주조했다는 직접적인 기록은 없고, 『한서지리지』에 다음과 같은 기록이 전한다. '남의 물건을 훔친 자는 그 집의 노(奴)로 여자는 비(婢)로 삼는다. 그 죄를 속죄하려면 사람마다 50만을 내야 한다.' 여기서 50만으로 계산한 것은 바로 화폐이며, 앞에서 '상해를 입히면 곡물로 상환한다'고 했는데, 곡물은 단독으로 수량적인 계산을 할 수 없으므로 계량기기로 계산하는 단위를 사용해야 했다."

고조선의 8조법금과 관련해서 자주 등장하는 중국 사서인 『한서지리지』의 기록입니다. 8조법금(法禁) 또는 8조범금(犯禁) 달리 범금(犯禁)8조라고도 하는데, 이 같은 규정은 동과 서를 막론하고 대략 유사하게 존재했습니다.

세계 최초의 성문법이라고 하는 「함무라비 법전」에도 상해자나 도둑질에 대한 규정이 나오고, 오리엔트 최초로 철기 문화를 사용한 히타이트인들의 법전에도 어떤 사람이 남의 물건이나 가축을 훔쳤을 경우 여러 가지 배상 규정이 등장합니다.

고조선도 훔치는 것에 대해 규제를 가하고 있는데 남녀를 노비로 삼는다는 것으로 보아 어떤 신분 질서가 존재했고, 50만이라는 가치로 속죄를 한다는 규정에서 일정한 사회 규약을 통해 법치가 이루어졌던 것을 알 수 있습니다.

국내에서 법학 측면에서 고조선의 법에 대해 논한 것 가운데 조우영의 「『한서』「지리지」에 나타난 고조선의 법」(『법사학연구』 제22호, 2000) 같은 논문들도 있으니 이 분야에 관심이 있으신 분들은 참고하시면 좋을 것입니다.

그런데 여기서 말하는 50만의 가치를 장박천 교수는 고조선의 화폐인 원절식 명도전의 단위로 보는 것이지요.

"원절식 명도전의 뒷면에는 숫자가 1에서 5,000까지 있는데, 이것은 아마도 화폐의 액면가격일 것이다. 만일 그렇다면 노예 1명이 속죄를 하려면 5,000 가격의 도전(刀錢) 100매(枚)의 속죄금을 물어야 노예주로부터 일반 평민의 자격을 획득할 수 있게 되는 것이다.
기자의 '팔조지교(八條之敎)' 내용으로 보아서 조선후국은 당시 노예제 국가였는데 이 같은 규정은 분명 노예주에게 유리한 것이었다. 조선후국에서 당시 통용되던 화폐는 응당 명(明)자 문양의 도전이었으므로 50만의 속죄금은 원절식 명도전을 가리킨다고 할 수 있다."

이상에서 보았듯이 장박천 교수는 『한서지리지』의 고조선 관련 조항 가운데 50만에 해당하는 속죄금과 해당 화폐를 원절식 명도전으로 보고 있습니다.

그런데 앞에서 고조선 시대에 어떤 화폐 주조의 역사 기록이 없다고 했는데 국내 문헌 가운데 근대 개화기 흔히 애국계몽기라고 하는 시대로 내려오면 기자조선의 기록이 집중적으로 등장하는 기이한 현상이 벌어집니다.

그중에 대표적인 역사책으로 『대동역사』, 『대동역사략』, 『대동사강』, 『동사집략』 등이 있는데, 이 가운데 특히 정교(鄭喬, 1856~1925)의 『대동역사』를 보면 기자조선 흥평왕 때에 자모전을 주조하였다는 기록이 나옵니다.

> "흥평왕 원년[주목왕 45년 서력 기원전 957년] 처음으로 자모전을 주조하였다.(興平王 元年(周穆王 四十五年 西曆 紀元前 九百五十七年) 初鑄子母錢)"

자모전에 대해서는 한국은행 화폐금융박물관 도록의 설명 등을 소개한 적이 있습니다. 자모전은 자전과 모전을 합쳐서 부른 명칭이라는 설명도 있는데 현재 유래에 대해서 명확하게 알려진 바는 없습니다.

참고로 『한서식화지』를 보면 당시에 화폐의 액면가를 적절하게 통제했다는 기록이 보이는데 성균관대 동양사 연구실에서 역주 작업으로 나온 「『漢書』「食貨志」 下 譯註」를 참고하면 다음과 같은 내용이 나옵니다.

> "백성들이 (화폐의) 액면가가 낮음을 걱정하면 액면가가 높은 화폐를 만들어 이를 유통시키니 고액화폐를 주로 하고 저액화폐로써 보조하도록 하는 정책[母權子]이 행해져 (재화를 거래하는) 백성이 모두 편

리했습니다."(『중국사연구』 제37집, 2005)

자(子)와 모(母)는 경(輕)과 중(重)에 해당하는 것으로 이는 저액화폐
와 고액화폐를 말하는 데 이것으로 보면 당시에 이미 저액 및 고액화
폐를 활용하여 통화정책을 실시하였다는 것을 알 수 있습니다.

그러나 여기서 말하는 자와 모의 의미가 기자조선 흥평왕 시절에
주조했다는 자모전의 명칭과 어떤 관계에 있는지 현재로서는 그 정확
한 실상을 알 수 없습니다.

대장간의 역사와 조선낫의 비밀

요즘에는 우리 주변에서 대장간을 찾아보기 힘들어졌습니다. 언제 부터인지 모르지만 산업화 현대화되면서 대장간에서 제조하던 호미나 낫을 비롯한 농기구 등이 모두 공장에서 만들어져 나오는 것으로 바뀌었습니다. 그 같은 농기구 중에 낫의 경우 '양낫'이라고 부르던 기억도 납니다.

대장간하면 저는 전쟁이 날 것을 미리 예측하고 말굽을 몰래 하나 둘 모으던 어린이 이야기가 생각납니다. 한번은 이를 알아차린 대장간 주인이 식지 않은 말굽을 놓아두었는데 이를 모르고 몰래 주워들다가 기겁을 하던 어린이의 일화가 떠오릅니다. 그 어린이가 훗날의 이율곡 선생이라는 말도 있습니다.

기계로 모든 것을 처리하는 현대와 달리 동전 같은 것을 주조하려면 옛날에는 대장간과 유사한 기능을 갖추고 있어야 했을 것입니다. 전통

적인 대장간에서는 일상생활 용구와 농기구 또는 전쟁 시 병장기 등도
제작했을 것입니다.

그런데 흥미로운 것은 과거 중국 고대에도 더러 민간에서 위조화폐
를 만들다가 적발되어 처벌을 받기도 했던 모양입니다. 최근 임형석 번
역의 이학근(李學勤) 저, 『잃어버린 고리-신출토 문헌과 중국고대사상
사』(학연문화사)를 읽어보니 그 같은 내용이 등장합니다.

"'남자 병과 정을 묶어서 끌고 왔는데 새 동전 110전과 동전을 만드
는 틀 두 가지를 합친 것을 가지고 왔다.'라고 기록하고 있다. 이것은
사사로이 화폐를 주조하는 범죄를 적발한 것으로 진나라의 경제정책
을 반영하고 있다."

진나라하면 진시황의 통일에 따른 표준화 정책 등이 연상되는데 우
리가 지금 검토하고 있는 장박천 교수의 논문 주제인 원절식과 방절식
명도전과도 시간적으로 멀지 않습니다.

위조화폐를 만들려면 구리나 쇳물 등을 거푸집에 녹여 부어야 하
는데 일반 가정에서 하기는 어려웠을 것이고 필시 인근 대장간의 누군
가의 묵시적 도움이 있어야 가능했을 것입니다. 위조화폐 이야기를 하
다 보니 대장간이 무슨 위조화폐 주조의 온상 같은 부정적인 이미지
를 주게 되었습니다만 어디까지나 오늘날의 추론으로 그렇다는 것이
니 이해해 주시기 바랍니다.

그러면 여기서 잠시 화제를 '조선낫의 비밀'이라는 것으로 돌려보겠

습니다. 위에서도 '양낫' 이야기를 잠깐 했는데 과거 시골에서 낫질을 약간이라도 해보신 분들은 「양낫과 조선낫의 비밀」이라면 대번에 고개를 끄덕이실 분들이 많을 겁니다.

또 요즘에도 수산시장 같은 곳을 가보면 우선 보기에는 무식하게 생긴 식칼인데 생선을 잘만 토막내는 칼이 있습니다. 이들 칼을 잘 살펴보면 공장에서 대량 생산된 칼이 아니라 대장간에서 주문 제작된 칼이라는 것을 알 수 있습니다.

그렇다면 왜 이들 대장간 칼이 그토록 쓰임새가 뛰어난 것일까요? 사라져가는 대장간의 민속을 연구한 배도식의 「대장간의 민속」,『한국민속의 원형』(집문당, 1995)이라는 글을 보면 쇠를 벼리는데 담금질이 생명이라는 이야기를 하고 있습니다.

"칼이나 낫 같은 경우에는 전체적으로 담가 쇠를 강하게 한 다음, 칼날 부분은 더욱 단단해야하므로 그 부분을 다시 담금질을 하는데 오래 담그지 않고 살짝살짝 담가서 금방 꺼내는데 칼날이 전체적으로 골고루 담금질 되어야 한다. 이것이 대장장이의 기술인 것이다."

일식집에서 생선의 회를 뜰 때도 대장간에서 잘 벼린 칼을 쓴다고 합니다. 어떤 경우에는 37번까지 담금질해서 회칼을 만든다고 하니 대단한 정성입니다. 담금질 과정에서 무언가 특수한 변형이 이루어지는 모양입니다.

국내 「철(鐵)박물관」을 인터넷으로 방문해보니 조선낫의 비밀에 대해서 자세히 설명해 놓았더군요. 철박물관(Iron Museum)에 전시된 조선낫의 비밀 설명도를 참고하면 다음과 같습니다.

"조선낫을 통해 본 조직상의 변화 우리 조상들이 사용했던 조선낫의 제조 과정을 보면 다음과 같다. 우선 쇠를 오스테나이트 상태로 가열하면서 수십 차례의 메질을 통해 가공한 후 물에 담가서 식힌다.

▶ 공기 중에 꺼내어 서서히 식히면 → '펄라이트'라는 가장 무른 조직(낫등)이 된다.

▶ 물 속에 넣어 빠르게 식히면 → '마르텐사이트'라는 가장 단단하고 센 조직(낫날)이 된다.

▶ 그 중간의 냉각 속도에서는 → '베이나이트'라는 충격흡수가 좋은 조직(낫중심)이 된다.

또한 가열시 숯이나 석탄을 집어 넣어 탄소를 표면에 침입시켜 표면강도를 높인 것을 본다면, 쇠를 다루던 조상들의 전통기술에 놀라움을 금할 수 없다."

결국 담금질에 그 비결이 있는 셈입니다. 서서히 식히는가 아니면 빠르게 식히는가 등에 따라 성분 결정 조직에 변화를 가져오는 것으로 볼 수 있습니다. 이밖에도 음식점에 따라 요리맛이 다르듯이 대장간 대장장이에 따라 비전의 기술이 있을 것입니다.

우리 역사의 아침

어제 제가 본 책 가운데 화폐 연구서로 유명한 유자후(柳子厚)의 『조선화폐고』(학예사, 소화 15년, 1940년)가 있습니다. 유자후는 기자조선 홍평왕 때 주조했다는 자모전에 대해서 명칭의 유래를 소전(小錢)인 자전(子錢)과 대전(大錢)인 모전(母錢)의 합칭으로 파악하고 있습니다.

그런데 흥미로운 것은 고려총(高麗塚) 등에 부장되었다가 전해오는 것으로 보이는 조선통보를 기자조선 홍평왕 때에 주조한 화폐로 보고 있다는 점입니다. 상당히 묘한 주장이 아닐 수 없습니다. 여기에 대해서는 보다 검토를 할 예정입니다.

유자후의 『조선화폐고』와 더불어 고조선 관련 신간도 한 권 보았는데 요즘 고조선 관련서가 퍽이나 인기입니다. 이덕일 외 2인 공저의 『고조선은 대륙의 지배자였다』(역사의 아침)인데 『한겨레신문』에 신간 소개도 되었습니다.

"고조선은 대륙의 지배자였다. 고조선에 대한 일제 식민사관의 왜곡을 비판하면서 고조선의 강역을 대륙의 안쪽으로 크게 넓힌 적극적인 사관을 피력한다. 신정일씨의 고조선 답사기가 덧붙여졌다. 이덕일·김병기 지음. 역사의 아침"

그런데 한 가지 아쉬운 것은 명도전의 원절식과 방절식에 대한 구분을 여전히 확인하지 않은 저자의 입장입니다. 제가 전에도 언급했지만 그 같은 잘못을 바로잡으려고 이 글을 연재하게 되었다는 동기도 말씀 드렸는데, 동일한 착오가 이번 책에도 그대로 수록되어 나온 것을 보니 안타깝습니다.

성삼제 선생의 『고조선 사라진 역사』(동아일보사) 개정판에서는 무언가 착오의 느낌이 있었는지 고리가 둥글다는 잘못된 설명 부분을 삭제했습니다. 늦었지만 그나마 바로잡은 것은 다행한 일입니다.

국사교과서의 잘못을 바로 잡기가 그리 쉬운 것은 아니지요. 제대로 지적하려면 심층연구가 필요한데 대중적인 호기심만 자극해서 쉽게 가려는 경향도 보입니다. 다시 말해서 명도전에 대한 이해의 기반이 잘못되어 있는데 그에 의존한 주장을 어떻게 받아들일 수 있겠습니까?

원절식 방절식할 때의 '절'자도 끊을 절(切)이 아니라 꺾을 절(折)인데, 역시 절(切)로 표기되어 있습니다. 그러니 이 같은 주장을 펼친 저작들을 우리 학생들에게 읽으라고 권할 때는 보다 신중해야 할 것입니다.

명도전은 모두 고리가 둥그렇습니다. 또 제나라 도전인 제대도의 경우도 고리는 둥그렇습니다. 명도전은 원절 방절을 막론하고 모두 고리가 둥그런 것입니다. 그러니 명도전의 원절 방절의 구분도 제대로 확인하지 않고서 명도전을 고조선의 화폐라고 주장하면 납득하기 어려운 일입니다.

유물이 새로 출토되어 주장처럼 고리의 구멍이 네모난 사각형의 방절식 명도전이 나오기 전에는 기존의 견해에 충실할 필요가 있습니다. 그렇지 않으면 올바른 역사라고 하기 어렵습니다.

제가 이 번역과 연재가 마무리되면 단행본으로 묶어서 낼 예정입니다. 역사학계, 특히 고조선 연구에 조금이나마 기여를 하고 싶고, 이를 통해서 우리 학생들과 역사논술에 대해 논해보고자 하는 뜻에서입니다.

우리 학계에 명도전이 고조선의 화폐라는 주장의 근거가 되었던 '원절식 명도전' 부분을 마치고 연나라 화폐로 넘어 갑니다. 그럼 장박천 교수의 논문을 계속 보겠습니다.

> 3. "舌"은 "언(匽)"으로 연나라가 조선을 침략한 이후에 동북지방에 전파된 도폐[刀錢]이다.

이 문장을 하나 번역하고 잠시 김종서 박사가 쓴 책이 생각나서 찾아보았습니다. 확인해보니 김종서 박사는 벌써 상당한 분량의 저서를 출간했더군요. 제가 본 것만 해도 『단군신화는 없었다』, 『한사군은 없었다』, 『기자·위만조선 연구』 등입니다.

그중에 『고조선으로 날조되어 온 기자 위만조선 연구』(한국학연구원, 2004)를 펼쳐보니 상세한 약력이 나와 있습니다. 전에 박사학위 논문을 보았을 때는 젊은 분으로 생각했는데 그밖의 여러 저서에 나온 프로필 사진을 보니 수염도 기른 중년의 모습입니다.

한 가지 흥미로운 것은 전에 박사논문을 읽으면서 거친 한문해석이라든가 참고문헌의 수준이 무언가 역사학을 학부시절부터 정식으로 한 분같지는 않다는 느낌도 들어서 다소 이상하게 여겼는데 이번에 경력을 보니 과연 자수성가한 입지전적인 인물임을 알고서 그 같은 의문이 다소 풀렸습니다.

제가 이 대목에서 김종서 박사를 언급한 것은 앞으로 나올 장박천 교수의 연(燕)자와 언(偃)자의 해석과 밀접한 관련이 있기 때문입니다. 저는 김종서 박사의 독창적인 해석과 고대사에 대한 열정은 높이 평가하고 싶지만 이 대목들은 보다 정밀한 고증을 요하는 대목이기도 합니다. 그럼 논문을 계속 보도록 하겠습니다.

"고고학계의 연구에 의하면 ❀ 도전의 통용 시기는 전국 중기에서 연이 멸망할 때까지인데 이 화폐는 방절식 도전이라고 불린다."

전국시대는 연대상으로 BC 403년에서 진의 통일인 BC 221년에 해당하는데 전국 중기라면 연의 전성기인 소왕 시대라고 볼 수 있습니다. 실제로 연 소왕의 원년이 중기에 해당하는 BC 311년입니다.

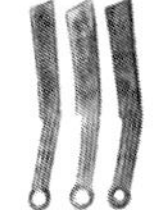

명도전의 형태와 분류

평안북도 용연동은 오늘날 북한의 행정구역상 '자강도 위원군 룡연구 룡연동'이며 이곳은 발견 당시 보고에 의하면 위원군 숭정면 용연동으로 고구려 유적지인 집안과도 비교적 가까운 곳입니다. 용연동 유적 출토 명도전 가운데 국립중앙박물관에 소장되어 있는 자료가 바로 위 이미지의 것입니다.

중국의 황석전(黃錫全)이 쓴 『선진화폐통론』을 보면 연명도(燕明刀)에 대해 몇 가지 형태 분류를 해 놓은 것이 있는데 그중에 평안북도 위원군 용연동에서 출토되었던 명도전을 을형과 병형으로 구분하고 있습니다.

황석전의 분류에 의하면 용연동 유적 명도전은 을형과 병형인데 위 명도전 가운데 정확하게 을형과 병형 어디에 속하는지는 보다 검토가 필요합니다. 좌우의 것과 가운데 명도전이 외적인 형태상 약간 다른 것이 눈에 띄고 문양은 모두가 조금씩 다릅니다.

용연동 유적에 관해서는 국내 연구자의 것으로 서울시립대 박선미 선생의 논문 「明刀錢 유적의 一考察」(『전농사론』 제6집, 2000. 3)이 있으며 일제시대의 연구물인 일본인 후지타 료우사쿠(藤田亮策)의 명도전 관련 논문으로는 朝鮮發見の 明刀錢 と其遺蹟」이 있습니다.

여담이지만 박선미 선생의 위 논문이 실린 논문집은 해당 연도에 간행되지 않았던 탓인지 도서관에서 구하기가 어려웠습니다. 서울시립대 국사학과 사무실까지 직접 방문했으나 논문집을 찾을 수 없었습니다. 결국 학과 조교분의 도움으로 박선미 선생과 연락이 닿아서 어렵사리 구할 수 있었습니다.

일본인 후지타(藤田)씨의 논문에 의하면 용연동 유적의 명도전 출토 사실은 소화 2년 그러니까 1927년 8월 1일 최초로 알려지게 되었던 것으로 이후 수차례의 보고에 의해 그해 10월 말에 이르러 당시 후지타(藤田)씨와 어떤 관계의 인물인지는 모르나 '코이즈미 아키오(小泉顯夫, 1897-1993)'군의 현지조사로 처음 상세한 전말이 알려지게 되었다고 합니다.

일본인들이 유적 발굴 시에 습득한 명도전의 오늘날 소장자와 소장처를 확인하는 것도 중요한 일인데 이 역시 문화재 환수 범주에 드는 것인지는 모르겠습니다. 이와 동시에 국내 각 박물관에 소장되어 있는 명도전 또한 전면 재조사해서 문양과 뒷면의 각종 부호 등을 조사하는 작업도 시급한 과제라고 할 수 있겠습니다. 그럼 계속해서 장박천 교수의 논문을 보도록 하겠습니다.

"원절식 명도전의 표면문양은 비록 '명(明)'자로 통일하여 사용되었지만 명도전 뒷면의 문자는 여전히 첨수도의 문자를 계승하였는데 이는 원절식 명도전이 첨수도를 직접 계승하였다는 것을 말해주고 있는 것이다.
ㅎ 문양 도전은 표면문양이 바뀌었을 뿐만 아니라 뒷면의 문자에도 많은 변화가 발생하였는데 그 산지(産地)가 연나라 경내이므로 연나라에서 새로 주조한 도전이다."

장박천 교수는 ㅎ 문양 도전을 방절식 도전으로 구분하여 연나라 화폐로 보고 있습니다. 다시 말해서 이 화폐가 바로 연나라의 고조선 침략 이후 동북지방에 전파되었다는 문제의 화폐입니다.

낙랑조선과 한국고대사회경제사

우리가 고조선에도 화폐가 있었을 것으로 추정하는 유력한 근거의 하나가 『한서지리지』에 나오는 기록입니다. 그런데 저는 여기에 나오는 8조 법금, 즉 범금 8조가 고조선의 것이라고 해서 그렇게 믿고 있었는데 실제 기록에는 낙랑조선에 범금 8조가 있었다는 것입니다.

전덕재 교수의 『한국고대사회경제사』(태학사, 2006)를 읽어보니 『한서지리지』 범금 8조 부분을 보다 상세하게 번역하여 소개하고 있었는데 역시 '낙랑조선'으로 나옵니다. 그러니까 『한서지리지』에 나오는 범금 8조는 정확하게 말하면 '낙랑조선'의 상황이 되는 셈입니다. 그렇다면 고조선과 낙랑조선의 실질적인 차이는 무엇일까요?

사서에 등장하는 진번 조선이라든가 낙랑조선의 경우 진번과 조선 인지 진번조선인지 또 낙랑조선도 낙랑과 조선인지 낙랑조선인지 등이 다소 모호한 면이 있습니다. 진번 조선의 경우 『사기색은』을 따르면 진번과 조선을 2국[二國]으로 보았습니다.

최근 김운회 교수의 블로그「역사 카페」를 방문해보니 조선과 범금 8조에 관련된 다음과 같은 인용 사항도 등장합니다. 조선의 위치에 대한 좋은 참고가 되어 소개합니다. 김운회 교수는 예전에『삼국지 바로 읽기』같은 저서도 낸 바가 있고 또 작가 장정일 등과 공저로『삼국지 해제』라는 책도 출간한 적이 있습니다.

김운회 교수는 학부 전공이 국제경제학이고 학위도 디지털 재화 관련 논문으로 하신 분인데, 이 같은 전공 지식이 고조선의 화폐와 명도 전의 비밀을 푸는데 어떤 기여를 했으면 합니다.

　　"『한서』에 (한무제는) 동으로는 조선(朝鮮)을 정벌하여 현도군과 낙
　　랑군을 일으켜 흉노의 왼팔을 잘랐다(東伐朝鮮 起玄菟 樂浪 以斷匈
　　奴之左臂 :『漢書』卷73「韋賢傳」)"

　　"『요사』에서는 (거란 수도인 중경의 동부 관문인) 동경 요양부는
　　본래 조선의 땅이며… 요나라는 조선의 옛 땅에서 유래했으며, 고조
　　선과 같이 팔조범금(八條犯禁) 관습과 전통을 보존하고 있다.(東京遼
　　陽府本朝鮮之地… 遼本朝鮮故壤 箕子八條之教 流風遺俗 蓋有存者 :
　　『遼史』卷49)"

이 같은 자료를 보면 낙랑과 현도는 흉노와 가까이에 있었던 것으로 판단되며 요나라의 지역이 고조선의 고토임을 밝힌 것을 보아 고조선 의 강역인 발해 연안 요동 일대에 요나라가 위치했던 것을 알 수 있습

니다. 또 이 지역에 기자(箕子)가 끼친 영향이 여전히 남아 있다는 것도 알 수 있습니다.

장박천 교수는 낙랑조신을 조선이 망입해(亡入海)한 지역이 한반도의 낙랑조선으로 보고 있는데 이 낙랑조선이 과연 대동강 유역의 낙랑조선인지 아니면 윤내현 교수의 주장처럼 난하 이동에 위치한 낙랑군의 조선현을 말하는 것인지 이도 아니면 근래에 논의되는 요하 유역 등인지도 궁금한 일입니다.

참고로 고조선의 화폐설과 관련해서 전덕재 교수는 이병도 박사의 설을 따라서 '속죄금 50만' 대목을 사형에서 1급 감형하는 경우 50만을 낸다는 한나라의 법률에 비추어 고조선의 화폐 사용을 부정적으로 언급한 대목이 나옵니다.

고조선 시대의 우리 조상들은 정말 화폐 사용 능력이 없었던 민족이었을까요? 장박천 교수의 논문을 계속 보도록 하겠습니다. 지난 번에 이어 ⅵ 문양과 ⅶ 문양의 차이에 대해 논하고 ⅶ 문양은 언(匽)이라는 주장을 펼치고 있습니다.

"현재 원절 방절 두 가지 양식의 도전에 나타난 표면문양에 대한 연구는 여전히 의견상의 일치를 보지 못하고 있다. 대다수는 ⅵ, ⅶ 문양을 동일한 하나의 문자가 시간적으로 전후 서로 다른 변화를 보인 것으로 보고 있다. 혹은 명(明)자로 해석하고 혹은 언(匽)자로 해석하는데 현재 연구 가운데는 언(匽)자로 여기는 이가 점차 많아지고 있다."

이들 문양에 대해 언(匽)자로 해석하는 예가 점차 많아지고 있다는 것을 보여주고 있습니다. 그런데 흥미롭게도 장박천 교수는 ʾ) 문양은 명(明)자가 분명하고 ʾ 문양의 경우 자신의 연구를 통해 언(匽)이라는 것을 밝히고 있습니다.

그런데 앞에서 잠시 언급했지만 국내 김종서 박사의 경우『기자·위만조선 연구』라는 저서에서 언(匽)자와 연나라 연(燕)자를 별개의 다른 문자로 보고 있다는 것도 말씀드리고자 합니다.

김종서 박사는 언(匽)과 연(燕)자를 다르게 보고 있는데 이렇게 될 경우 연나라의 고조선 침략과 그 영향이라는 근거가 희박해지므로 중요한 문제입니다. 그러나 언(匽)자와 연(燕)자의 차별성에 대한 김종서 박사의 논거는 보다 고증이 보완되었으면 좋겠습니다.

참고로 중국의 황석전 교수는『선진화폐통론』에서 명(明)자를 두 가지, 즉 명(明)과 안(眼)으로 읽을 수 있다는 주장을 하고 있습니다. 따라서 명(明)과 안(眼)이 통하고 안(眼)은 다시 언(匽), 연(燕)과 음(音)이 통하므로 결국 모두 연나라의 국명을 뜻한다는 주장입니다. 이럴 경우 명도전은 완전히 연나라의 화폐로 굳어지는 셈입니다.

ʾ)과 ʾ 문양의 동일성과 연속성 여부 그리고 ʾ 문양의 언(匽)자와 연(燕)자 논의는 논란의 여지가 많습니다. 다만 여기서는 이전에도 그랬듯이 일단 장박천 교수의 논문에 따라서 논지를 전개하도록 하겠습니다.

사실 이 글의 주요 동력의 하나가 바로 '원절식 명도전'은 기자조선의 화폐라는 장박천 교수의 주장이기 때문입니다. 우리 학계에 바람이 있다면 갑골문 연구자를 비롯한 중국 문자학 전공자들이 ʘ과 ☰ 문양의 비밀에 대해 검토를 해주었으면 하는 것입니다.

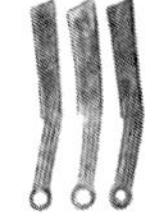

연의 5군 설치와 식민지 화폐론

오늘은 다시 명도전이 고조선의 화폐가 아니라 연나라의 화폐라는 입장에서 이야기를 하려고 합니다. 이럴 경우 가장 문제가 되는 것이 무엇일까요? 우선 고조선의 영역이라고 여기는 지역에서 명도전이 많이 나온다는 문제가 있습니다. 물론 이것도 고조선의 강역이 한반도가 아니라 요동 일대에 폭넓게 걸쳐 있었다는 전제하에서입니다.

그런데 이 문제는 연의 5군 설치론으로 어느 정도 해결할 수 있습니다. 방절식 명도전이 연나라 전성기인 연소왕 때부터 연나라가 멸망할 때까지의 화폐라면 연의 5군 시절 통용되었을 가능성이 높습니다. 그렇다면 연의 5군이란 무엇일까요?

한사군은 들어봤어도 그보다 앞선 전국시대 연의 5군은 다소 생소하실 것입니다. 한사군만 언급해도 식민사학자로 매도당할 형편에 전국시대 연의 5군이라니요? 그러나 배진영 박사의 논문 「燕國의 五郡

설치와 그 의미-戰國時代 東北아시아의 勢力關係」(『中國史硏究』 제36집,
2005. 6)를 보면 이런 내용이 나오고 있습니다.

　　"『사기史記』「흉노열전匈奴列傳」에는 연(燕)이 전국 중만기에 '조양
(造陽)에서 양평(襄平)까지 장성(長城)을 수축하고 5군(郡)을 설치하
였다'고 하였다. 연이 5군을 설치하였다는 것은 당시 동북아시아 세력
판도에서 커다란 지각 변동을 일으키는 것이었다."

배진영, 『고대 北京과 燕文化』

　　"그러나 현재 요동군의 치소가 양평(襄平)에 있었고 그 지역이 현재
의 요양(遼陽)이라는 점은 대체로 이견이 없다. 이곳에서는 수많은 전
국 시기의 양평포(襄平布)가 출토되었는데 이 양평포(襄平布)의 존재

는 이미 양평이 요동의 정치, 경제의 중심을 형성하였다는 것을 의미
한다."

이렇게 보면 연의 5군 설치와 함께 연나라의 새 화폐인 도전과 포전
등이 주조되어 고조선 지역이었던 의무려산 좌우인 요서군과 요동군
에 전파되었던 것으로 볼 수 있습니다. 장박천 교수도 이 무렵 전파되
었던 화폐가 방절식 도전이라고 보고 있습니다.

일제 식민통치 기간에 일본이 발행한 은행권이 조선에 통용되어 우
리가 사용했던 것처럼 연의 5군 설치 시에 연의 화폐가 고조선 지역에
서 고조선 주민들에 의해 사용되었을 가능성도 높습니다.

그런데 이 같은 연의 침략과 5군 설치에 대해 재야사학자들은 상당
히 거부감을 지니고 있습니다. 앞서 언급했던 김종서 박사의 경우 언
(匽)자와 연(燕)자를 분리해서 서로 다른 문자로 보고 심지어 사서에 나
오는 연나라의 진번 조선 침략 사실조차 부인하는 경향이 있습니다.

또 재야사학자인 이일봉 선생의 경우는 조양에서 양평까지 쌓았다
는 연나라 장성과 관련해서 양평을 오늘날 요하 일대의 요양이 아닌
북경 일대의 창평(昌平)으로 보고 있습니다. 그렇다면 중국 측 사서에
서는 중원에 가까운 북경 쪽의 양평을 먼저 언급하고 조양까지라고 하
지 않았을까 하는 의문도 드는 것입니다.

또 성을 구축한 이유는 어떤 구체적인 외적과 방어 대상이 있었다
고 할 수 있는데 방위상 문제는 없는지도 우리가 검토해야 할 것입니

다. 이밖에 양평(襄平)을 지금의 평주(平州) 노룡현 서남이라고 한 기록이 『후한서』 원소전 주에도 보입니다.

한편 강단사학자 가운데 식민사학의 영향을 받은 일부 학자들은 명도전의 고조선 화폐 가능성을 아예 부인하는 입장입니다. 이 역시 잘못이라고 할 수 있습니다. 조금이라도 고조선의 화폐 사용 가능성이 있다면 이를 철저히 검토해야 할 것입니다.

장박천 교수의 논문을 통해 원절식 명도전은 기자조선의 화폐일 가능성이 제기되었으므로 우리가 앞으로는 이 부분에 대해서 보다 적극적으로 검토를 해야 할 것입니다.

그런데 여기서 원절식 명도전을 기자조선의 화폐로 받아들일 경우 기자조선을 부인해오던 학자의 경우 커다란 모순에 봉착하게 됩니다. 이 경우 명도전을 어디에 귀속시켜야 할지 어렵게 됩니다.

명도전을 우리 고조선의 화폐라고 주장하고 싶은 마음이야 굴뚝 같겠지만 주장의 근거가 되는 장박천 교수의 논문에서는 다만 '원절식 명도전이 기자조선의 것'이라고 했기 때문입니다.

한 가지 위안이 되는 것은 ⟩ 문양과 ⟨ 문양에 대해서 여전히 해석의 여지가 있고 중국내 학자 간에도 의견 차이가 있다는 것입니다. 모두 명(明)자로 보는 경우가 있고, 모두 언(匽)자로 보아서 연나라로 보는 경우입니다.

다만 황석전의 예를 보아서도 알 수 있듯이 언(匽)자로 보는 경우가 점차 증가하고 있다는 이야기도 했습니다. 장박천 교수는 ۿ과 ۿ을 다른 자로 구분하고 있습니다. 그래서 ۿ 문양은 명(明)자를 뜻하고 ۿ 문양은 언(匽)자를 뜻하는 것을 보고 있습니다. 그럼 여기서 다시 장 박천 교수의 주장을 보겠습니다.

"나는 ۿ 문양을 명(明)자로 해석하는 것이 맞다고 보는데 언(匽)자 로 해석하는 것은 아직 검토의 여지가 있는 것 같고, 이 두 문자를 1 개 문자의 전후 변형으로 보는 것 역시 검토해야 한다고 본다."

이렇게 문자 하나를 놓고 어떻게 해석하느냐에 따라 역사의 물줄기 가 나누어지는 경우가 많습니다. 경전을 둘러싼 해석도 일종의 그런 것입니다. 조선시대에도 주자학적인 견해에 반하는 해석은 사문난적으 로 몰렸고, 서양 기독교 역시 정통에 반하면 이단으로 몰렸습니다.

ۿ, ۿ 문양이 명자냐 아니면 언자냐에 따라 연나라 귀속이냐 아니 면 다른 가능성이 있느냐 하는 것으로 나뉘게 됩니다. 따라서 우리나 라 이 분야 관련 학자들도 명도전 문양의 분석에 관심을 쏟아야 할 것 입니다.

재야사학자들이 애국심을 가지고 고조선을 크게 외치는 것은 좋지 만 국수주의에 매몰될 위험도 많습니다. 지나친 주장은 자체의 역사 왜곡을 가져오고 대중들에게도 혼란을 줄 우려가 있습니다.

물론 이들의 열정과 노고는 존중받아 마땅합니다. 그래서 저는 "고

조선, 뜨겁게 사랑하고 냉철하게 분석하자"라는 모토를 내걸고 싶습
니다. 오늘은 배진영 박사의 논문을 통해서 전국시대 연의 5군 설치와
관련, 명도전을 연나라의 화폐라는 입장에서도 분석을 해보았습니다.

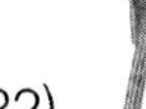

명도전의 유통과 도환

사람 사는 생활의 풍경이 예와 오늘이 크게 다르지 않았다면 고조선 시대에도 새로운 화폐를 만드는데 몇 가지 원인과 원칙이 있었을 것입니다. 명도전의 경우 고조선 지역에서 많은 출토물이 나온다면 어떤 이유가 있었던 것일까요?

최근 한국은행에서 10원짜리 새 동전을 발행하겠다는 소식이 보도되었습니다. 고조선의 화폐를 연재하고 있는 저로서는 이 같은 정보도 좋은 참고 자료가 됩니다. 왜냐하면 새로운 화폐를 주조하는 원인의 하나를 여기서도 발견할 수 있기 때문입니다.

"한국은행 금융통화위원회는 지난 8월 현용 10원짜리 동전의 소재인 구리와 아연 가격이 급등하면서 소재가치가 동전 액면금액보다 크게 높아지자, 소재가치를 낮추고, 제조비용을 절감하기 위해 새동전을 발행하기로 결정한 바 있다. 새 동전은 지름 18.0㎜, 무게 1.22g

으로 현재 지름 22.86㎜, 무게 4.06g의 동전보다 작고 가볍다. 문자
와 숫자의 글자체는 새 은행권의 글자체와 맞췄다. 구리 48%와 아연
52%를 섞어 만들었고, 구리를 겉에 씌워 붉은색을 띤다.”(「이데일리」)

새 화폐를 만드는 이유의 하나는 바로 이번 경우처럼 발행한 화폐의
액면가치보다 제작비용이 더 드는 경우입니다. 10원짜리 동전은 편리
함을 위해 사용하는데 10원짜리 동전을 하나 만드는데 소재인 구리나
아연의 값이 천원이나 만원 비용이 든다면 어떻게 만들 수 있겠습니
까? 배보다 배꼽이 더 큰 경우이지요.

이번 조치로 40억 정도의 발행 예산을 절약할 수 있다고 하는데 이
같은 예는 국가 예산 절약의 좋은 예가 될 수 있을 것입니다. 이밖에
도 새로 화폐를 주조하는 경우가 몇 가지 더 있겠지만 다음 기회에 관
련 내용이 나오면 다시 거론하기로 하겠습니다. 다만 주목할 것은 동
전 주조 재료의 금속비율만은 눈여겨 볼 필요가 있을 것입니다.

이어서 오늘의 주제인 김병하 교수의 「明刀錢의 流通과 刀環-三國
時代의 「刀」選好思想을 중심으로-」(『韓國學論集』 제20집, 계명대출판부,
1993)라는 논문입니다.

지난 번 글에서 연의 5군 설치와 오늘날 요양이라는 양평 지역에서
의 양평포 주조를 언급했는데 양평포는 도전의 일종인 명도전과 달리
형태가 농기구 비슷한데서 유래해서 포전이라는 명칭이 붙은 것입니
다. 김병하 교수의 논문에도 이 같은 설명이 일부 등장합니다.

"포전(布錢)은 포화(布貨) 또는 포폐(布幣))라고 칭하며 전박(錢-박)에서 진화한 것이다. 중국의 고대에 사용되었던 전박은 원래 호미 또는 작은 괭이류의 전기(田器, 農器具)를 가리켰지만 나무를 자른 칼로 사용된 예도 있었던 것 같다. 포전의 포는 박과 동성(同聲)이기 때문에 차자(借字)를 한 것이며 전박과 같은 뜻이다.

중국의 사서에는 한결같이 전박을 '古田器也'로 되어 있다. 여기서 전(錢)은 박(호미 박)과 같은 뜻으로 사용되었음을 알 수 있다. 전(錢)자의 원래 뜻은 화폐가 아니라 농구(農具)였던 것이다. 이것은 『사해(辭海)』의 전조(錢條)에 '古田器也, 貨幣也'라 하여 '고전기야'가 '화폐야'보다 앞에 나와 있는 것을 보더라도 알 수 있다."

요즘이야 둥그런 동전 화폐에 대한 인식이 굳어져 있지만 초기에 주조되었던 금속화폐에 대한 이미지는 다소 차이가 있어 보입니다. 바로 농기구나 칼 같은 기구와의 관련성 때문입니다. 앞으로는 전자화폐의 시대가 다가온다고 하니 화폐에 대한 인식은 또 달라질 전망입니다.

참고로 위 이미지 하단의 포전은 구멍이 위로 한 개가 있는데 제가 이 분야에 대한 이해가 부족해서 그런지는 모르겠으나 중국 황석전의 『선진화폐통론』에는 나오지 않는 것으로 보아 위 소장품을 선진시대 포전으로 보기는 다소 어려울 것 같습니다.

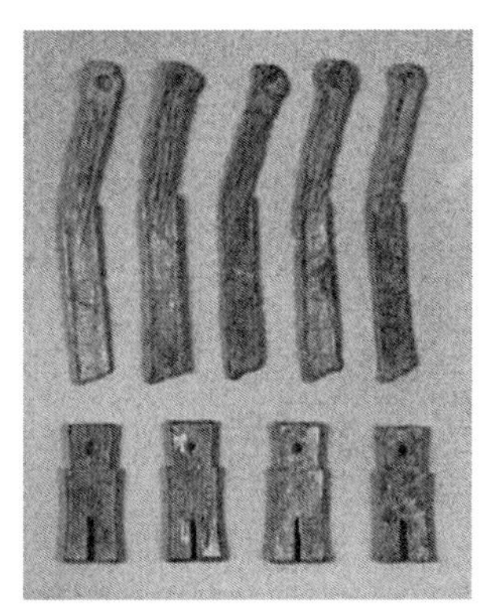

명도전 유물
대구가톨릭대학교 박물관

따라서 후대의 화폐로 볼 수 있는데

향후 명도전과 더불어 이들 포전에 대한 연구도 시급한 형편입니다. 여기서 잠시 포전에 대한 이해를 돕기 위해 대구가톨릭대학교 박물관의 포전 설명을 참고하겠습니다.

"포전 : 실생활에 사용되었던 농구 중 따비의 모양을 본뜬 청동화폐. (발달과정/역사) 명도전보다 앞선 시기인 춘추전국시대 후반부터 전국시대에 걸쳐 사용되었다. 우리나라에서는 한사군 설치 이전에 이미 유입되었던 것으로 보인다. (일반적 형태 및 특징) 실생활에 사용되었던 농구 중 따비의 모양을 본뜬 청동화폐로 명도전보다 앞선 시기인 춘추(전국)시대 후반부터 전국시대에 걸쳐 사용되었다. 우리나라에서는 한사군 설치 이전에 이미 유입되었던 것으로 보인다. 청동으로 만든 화폐인데 포전은 중국의 전국시대(B.C 475-B.C 221) 연(燕)나라에서 제작 사용되기 시작하여 이후 한반도에까지 전래된 것으로 우리나라에서는 철기문화의 수용과 함께 나타나고 있다. 이들 화폐의 겉면에 주조(鑄造)에 의해 나타난 글자와 선이 보인다."(효성여대도록, 1992년)

위 포전 사항을 참고하고 『중국고전대집(中國古錢大集)』이라는 저서를 찾아서 확인해보니 '포전'으로 소개한 위 소장품은 '포전'과 흡사하지만 전국시대의 '포전'으로 보기는 어려울 것 같습니다.

처음에는 형태가 유사하여 '포전'으로 믿고 찾았는데 위 화폐는 표면에 나타난 문자로 보아도 서기 14년 경, 신(新) 왕망의 4차 화폐개혁 때 등장한 '화포(貨布)'로 보는 것이 옳지 않나 싶습니다. 이 점에 대해서는 차후 해당 유물에 대해 보다 상세한 검토를 하겠습니다.

　그런데 오늘 소개하는 김병하 교수의 논문은 포전에 대한 것보다 우리나라에서 돈이라는 용어의 어원이 어떻게 생겨났는가 하는 것입니다. 흔히 돈은 돌고 돈다는 데서 유래했다는 것이 일반적인 통설인데 김병하 교수는 돈의 어원이 화폐의 순환성보다도 칼 도를 의미하는 한자 '도(刀)'와 칼고리를 뜻하는 '도환(刀環)'에서 유래했을 것으로 추정하고 있습니다.

　그 같은 이유로는 명도전이 유사 이래 대량 유통되었던 화폐라는 것과 삼국시대에 '도(刀)' 선호사상 예를 들어 신라 귀족 여자 이름에 '도(刀)'자가 들어간 것 그리고 고려 이전에는 도(刀)자가 전(錢)자 대신 주화의 의미로 사용되었다는 점을 들고 있습니다. 그 결과 돈의 어원을 다음과 같이 보고 있습니다.

　　"명도전이 유통되던 초기에는 '도'라 칭하다가 뒤에 '도(刀)'와 '도환(刀環)'이 병용되었고 도환선호사상이 보급된 뒤에는 도환이 '돈'으로 변화하였을 가능성이 크다. '도환'이 '돤'이 되고 오랜 세월이 경과하는 동안 '돈'으로 와전되었을 가능성이 있으며 '돈'을 한자로 표기할 때에는 도자를 사용하였다고 보는 것이다. 도환은 칼고리이며 명도처럼 고리가 있는 도전을 가리킨다."

　물론 이에 대해서는 여러 학자의 보다 얼밀한 검토가 있어야겠지만 명도전이 등장하고 또 돈의 어원에 관한 흥미로운 논의라 소개해보았습니다.

연나라 소왕과 악의 및 을파소

장박천 교수의 명도전 관련 논문을 공부하다보니 중국 전국시대 연나라의 소왕이라는 인물이 궁금해졌습니다. 그는 고조선의 강역과 관련해서 연나라 장수 진개가 등장하는 시대의 왕인 동시에 연나라의 화폐로 알려진 방절식 도전의 동북 전파와도 밀접한 관련이 있는 인물이기 때문입니다.

고조선의 서변 2천여 리를 빼앗았다는 연나라 장수 진개! 그는 과연 어떤 시대적 배경에서 탄생한 것일까요? 바로 그런 의문에 한 가지 답을 생각해보게 하는 책을 발견했는데 바로 『악의』라는 대하역사소설입니다. 그렇다면 '악의'는 또 누구이며 무엇인가요?

'악의'라면 우리가 즐겨보는 중국소설 『삼국지』의 제갈공명이 자신을 늘상 비교했다는 바로 그 관중과 악의할 때의 악의입니다. 유명한 삼고초려 대목에서도 사마휘의 말을 빌어 공명을 관중과 악의 못지않을 뿐만 아니라 강자아와 한나라 400년을 일으킨 장자방에 비교될 수 있다는 대목에도 역시 악의가 등장합니다.

연나라가 약소국에서 그토록 강성해질 수 있었던 것은 바로 악의라는 유능한 신하를 얻었던 까닭입니다. 한 나라가 신하 한 명을 잘 얻고 못 얻고에 그 나라의 운명이 좌우되기도 하는 것입니다. 한편 소왕 또한 남다른 인물이었던 것 같습니다.

"소왕은 매사에 지극히 성실했다. 자신을 억눌러야 할 때는 억누르고 신하나 빈객들의 지혜를 겸허하게 받아들여 선정을 베풀어 나라를 부강시켰다. … 소왕은 악의에게서 풍부하고도 순수한 재능과 덕망을 보았다. 한 나라를 다스리게 해도 부족함이 없을 것이라고 판단했기 때문에 경이라는 지위로 발탁하였다."(오근영·서혜영 역, 『악의』, 다리미디어, 2000)

고조선을 침략한 연나라의 소왕을 좋게 보는 입장이 되어서 다소 그렇지만 연나라가 강성하게 된 근원을 살피고 침략 능력을 검토하는 것도 필요한 일입니다. 참고로 유능한 신하의 발탁 같은 사례는 우리나라에서도 찾아볼 수 있습니다. 바로 고구려의 명재상 을파소입니다.

"옛날 명철한 임금은 어진 이에 대하여 올려 세우되 어떤 종류를 묻지 않고, 쓰되 의혹치 아니하였다. 예를 들면 은나라 고종과 부열, 촉나라의 선주와 공명, 진나라의 부견과 왕맹 같은 이들이니 이런 연후에야 어진 자가 위에 있고 능한 자가 직에 있어 정사가 닦이고 교화가 밝아져 보전되는 것이다. 지금 왕이 홀로 결단을 내려 바닷가에 있

는 을파소를 등용하여 뭇사람의 구설에 요동치 않고 백관의 위에 두
었으며 또 그를 추천한 자에게 상을 주었으니 성왕의 법을 체득했다
할 수 있다."

이것은 김부식이 『삼국사기』에서 고구려의 명재상 을파소와 고국천
왕을 두고 논한 대목에 등장하는 말입니다. 중국 『삼국지』의 공명 못
지않은 우리나라의 명재상 을파소를 만천하에 알리는 셈입니다. 임동
주 교수의 『우리나라 삼국지』(마야, 2006)에는 을파소의 등장을 이렇게
묘사하고 있습니다.

"서압록곡 좌물촌에 사는 을파소라는 사람입니다. 이 사람은 유리
명왕의 대신 을소의 손자로서 지혜와 사려가 깊을 뿐 아니라 성격이
강직하고 과단성이 있는 인물입니다. 지금은 세상에 모습을 드러내지
않고 시골에 묻혀 농사를 지으며 살고 있으나 때를 만나게 되면 나
라를 반석 위에 올려놓을 인재입니다. 폐하께서는 부국강병의 대업을
이루시려면 반드시 이 사람을 데려다 중용하십시오."

우리가 중국의 제갈공명은 알아도 고구려에 을파소가 있음을 모르
는 것은 반성해야 할 일입니다. 『우리나라 삼국지』는 원래 저의 전공
은 아닌데 중국 『삼국지』 관련 글을 쓰는 제게는 보이지 않는 무언의
항의도 있었던 것이 사실입니다.

왜 우리나라 역사를 알리지 않고 중국소설을 선양하느냐는 꾸짖음
이지요. 그래서 오늘은 특별히 『우리나라 삼국지』를 언급해보았습니
다. 이 책을 중국소설 『삼국지』와 더불어 읽고 우리 역사에 대한 애정

회복에 동참을 권하는 바입니다.

그럼 여기서 다시 중국 장박천 교수의 논문 내용을 계속해서 살펴보겠습니다. 지난 번에 두 가지 문양, 즉 ⨀과 ⨀에 대해서 여전히 검토의 여지가 있다고 했습니다.

"⨀과 ⨀ 두 가지 문양을 비교하고 심사숙고한 결과, 나는 ⨀과 ⨀을 마땅히 두 개의 문자로 보아야 하며, 이들 두 문자는 구조면에서도 다를 뿐만 아니라 필획에서도 또한 차이가 있다고 본다."

이처럼 장박천 교수는 ⨀을 명 자로 파악하여 기자조선의 것으로 보았고, ⨀ 문양은 연나라의 화폐로 보았습니다. 대부분의 중국학자가 두 문양을 모두 연나라 연 자로 보려는 것에 대해서도 장박천 교수는 의견이 다릅니다. 그는 방절식 도전을 연나라 전성기에 동북에 전파된 화폐로 보는 것이지요.

연나라의 국가와 종족 구성에 대해서는 새로운 견해들이 있지만 진개가 침략한 고조선 서변 2천여 리의 주민들이 하루 아침에 어디로 옮겨간 것이 아니라면 상당수는 그 지역에 남아서 연의 영향 하에 명도전을 사용하면서 계속 생활했을 것으로도 볼 수 있습니다.

고조선 연구의 마력

명도전을 기존의 학설대로 중국 전국시대 연나라의 화폐로 받아들이는 것은 비교적 쉬운 일입니다. 그리고 원절식 명도전이 기자조선의 화폐라는 중국 장박천 교수의 주장이 제기된 이상 명도전을 고조선의 화폐라고 주장하는 일도 이제는 그렇게 어려운 일은 아닙니다.

그러나 의문을 지니고 분석을 통해 명도전이 고조선의 화폐라는 것을 명확하게 입증하는 일은 대단히 어려운 일입니다. 제가 명도전에서 시작한 고조선 연구와 더불어 한 가지 고민을 말씀드리자면 고조선은 연구할수록 점점 깊은 수렁으로 빠지는 기분과 동시에 무언가 이상하다는 느낌을 받는다는 것입니다.

그중의 하나가 고조선에 대한 거의 모든 학설이 들어맞는 것 같아 보인다는 사실입니다. 낙랑과 패수도 각각의 설이 모두 일리가 있어 보입니다. 참으로 이상한 일이 아닐 수 없습니다.

한 나라의 고대사 그것도 민족의 뿌리가 되는 고조선에 대한 가설이 이토록 무성하고 분분하면서도 평행선을 달리는 기현상은 세계 고대사에도 드문 일이 아닌가 싶습니다. 위서 논쟁에서 시작하여 한사군 논쟁, 패수 논쟁 등등.

최근 단군 관련 인터넷 사이트(http://daangoon.pe.kr)를 방문해보니 패수는 물론이고 우리가 청천강으로 알고 있던 살수조차 한반도내에 있지 않았다는 주장까지 있더군요.

참고로 이 사이트는 위성사진을 활용해서 매우 생생한 느낌을 주고 있는데 명도전과 관련해서는 명도전 이전에 이미 붕(朋)이라는 구리 돈이 있었다고 언급한 것이 특이합니다. 다음은 명도전 관련 사항을 일부 인용한 것입니다.

> "이때 소위 명도전(明刀錢)이라는 화폐가 제작되어 만주로부터 연(燕), 제(齊), 조(趙) 나라까지 유행하였고 이는 수유기자문화의 부와 무역의 상징이다. 명도전은 청동시대의 환수동도(環首銅刀)가 철기시대를 맞아 철도(鐵刀)로서 탈바꿈 한 것인데 실물 화폐로 이용되었다. 명도전의 명(明)자에 대하여 구구한 해석이 많은데 중국식으로는 당연히 국가 이름, 또는 군의 새겨져야 하기 때문이다. 그러나 명(明)이라는 중국의 고대 나라는 없었다. 하지만 [주역(周易)]에서 지화명이(地火明夷) 괘에서 기자지명이(箕子之明夷)라고 했는데 해가 땅속에 떨어지니 기자가 명이로 갔다는 말이다. 즉 은나라를 잃으니 기자가 떠나서 명이국을 건설했던 것이다. 명이국은 중국 고대 기록의 밝조선(發朝鮮)이던 번한조선의 한 지역 이름이다. 지화명이(地火明夷) 괘

상(卦像)은 땅속에 해가 감추어진(地火) 것인데 그들의 곤도(坤都)에 태양을 가져간 것이다. 주역은 주문공이 편수했을지 모르나 본래는 은나라로부터 내려오던 역을 재해석한 것이고 또 뒤에 덧붙인 것이므로 기자 이야기가 들어 있다. 따라서 기자의 후예는 명(明)이라는 국호를 새긴 명도전을 만들어 무역으로서 세력을 넓히면서 자기들의 영역을 확장해나갔다. 명도전은 한반도 구석까지도 나오는데 정치권보다 활발한 무역권의 영향일 것이다."

위의 명도전 이미지도 바로 이 사이트에서 인용한 것인데 관심 있는 분의 방문도 괜찮을 것 같습니다. 카페도 있는데 프로필을 소개하자면 이렇습니다.

"구자일의 실증 한국 고대 역사, 신석기시대 오랑캐고원 오랑캐문명, 환인 하늘산 문화, 환웅 홍산문화, 단군 조선 문화, 만주 중심 고구려 문화, 만주 백제 문화, 대륙 백제, 일본을 통치한 백제 문화 등을 과학적으로 실증적으로, 고고학적으로, 그리고 위성을 이용한 현지 조명으로 찾아 보여줍니다."

저도 고조선 연구의 마력과 블랙홀에 서서히 빠져 들어가는 것 같습니다. 그렇지 않고서야 살수가 요동에 있을 수 있다는 주장에 어찌 솔깃해지겠습니까?

한번 의심을 하게 되니 낙랑과 패수는 물론이고 평양과 나아가 을지문덕 장군의 살수조차 한반도의 청천강이 아닌 요동 일대의 어느 강이라는 생각이 다 듭니다. 고조선, 뜨겁게 사랑하고 냉철하게 분석하라는 저 자신의 모토조차 이겨낼 기력이 없어 보입니다.

그만큼 고조선은 이상한 연구 영역입니다. 일제시대 조선사편수회의 무언가 왜곡이 있지 않고서야 이렇게 오리무중의 역사가 난무할 수 있겠습니까? 바로 그런 의문이 든 것입니다!

그러나 이제 일제와 이병도 박사만 탓하고 있을 수도 없습니다. 새로운 유물과 사료를 발굴하고 기존의 유물이나 사료도 재분석을 해야 할 것입니다. 특히 명도전의 명자 문양에 대해서는 우리 학자들도 관심을 기울일 시기가 되었습니다. 그럼 다시 장박천 교수의 논문을 살펴보도록 하겠습니다.

"ꑀ자가 따른 ꑁ 문양은 비록 어떤 것은 꺾여진 ꑂ 형태의 것도 있는데 구조 형태상의 변화는 없다. ꑁ 문양은 갑골문 ꑃ자가 따른 ꑄ을 따라서 변화된 것이고, ꑀ이 따른 0 또한 ꑅ과 같이 쓴 것은 없다.
ꑅ 자는 자서(字書)에 보이지 않는다. 그러나 그 필획으로 보아서 에서 ꑆ로 정해진 것으로 보이는데, ꑅ는 상형자가 아닌지 자못 의문이 간다. 다만 그 문자의 쓰기[書寫], 형태[象形], 음독(音讀)을 통해 그 문자와 '언(匽)'자와의 관계를 탐색할 수 있다."

장박천 교수는 ꑅ 문양이 "언(匽)"자이며 따라서 연나라 국명인 연(燕)에 해당하는 것을 밝히기 위해 문자, 성운학적인 검토를 하고 있습니다.

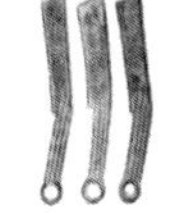

연나라 진개의 고조선 침략

연나라 장수 진개가 고조선을 침략하여 2천여 리의 땅을 취했다는 기록에 대해서는 여러 가지 해석이 있습니다. 오늘은 이 같은 기록을 부정하는 대표적인 두 연구자 한국교원대 송호정 교수와 중앙대 김종서 박사의 입장을 살펴보려고 합니다.

송호정 교수는 단군을 인정하기 어렵다는 강단사학의 대표적인 경우요, 김종서 박사는 오랜 기간 단군을 연구해 온 연구자입니다. 그런데 이들이 『위략(魏略)』에 나오는 연나라 장수 진개의 고조선 침략 기록을 부정하는 데는 서로 입장을 같이 하는 경향이 있습니다.

그런데 그 같은 입장의 근거가 서로 대척점에 있다는 인상을 받습니다. 먼저 송호정 교수의 주장을 들어보겠습니다.

"한편, 기록의 사실성 여부가 의문시되지만 『위략』에는 조선이 연

장수 진개에게 서방 2천여 리의 땅을 빼앗겼다고 나온다. 이 기록을 그대로 믿지 않더라도 서쪽지역 일부를 연에게 빼앗겼다고 해석한다면 기원전 3세기 이전에 이미 고조선에는 일정한 영토가 있었을 것으로 추정된다. 그러나 전술했듯이 『위략』의 기사는 사료적 가치의 중요성에 비해 신빙성이 미약하다."(「기원전 5~4세기 초기 세형동검문화의 발생과 고조선」, 『선사와 고대』 14, 한국고대학회, 2000. 6)

송호정 교수가 고조선에 일정한 영토가 있었을 것으로 보면서도 기록의 신빙성을 의문시하는 것은 아마 고조선을 한반도 서북한과 대동강 유역 중심으로 설정하는 시각을 지니고 있었기 때문에 빼앗겼다고 할 고조선의 서변 2천여 리를 충분히 설명하기 어렵게 된 탓인지도 모릅니다.

그런가 하면 김종서 박사는 처음부터 고조선이 강성한 국가였으므로 약소국인 연나라에게 침략을 당했을 리가 없다는 주장입니다. 그리하여 심하게는 『위략』의 연나라 장수 진개의 침략을 위조된 기록으로 보기도 합니다.

『염철론』의 기록을 확인했듯이 고조선이 연의 동쪽 땅을 겁박한 것은 사실입니다. 그러나 연이 항상 약소국에 머물렀던 것도 아닙니다. 지난 번 글에서 살펴보았듯이 연나라 소왕(BC 311~279) 시대에는 악의라는 유능한 인재를 등용하여 제나라의 70여 성을 빼앗기도 했습니다.

이 시기에 연나라가 제나라를 통치하던 지역에서 통용되던 화폐가 바로 꺾인 형태의 명(明)자 제명도라는 것도 얼마간 밝혀졌습니다. 그러니 연나라가 그렇게 약하기만 했던 것은 아닌 셈입니다.

우리로서는 사실 받아들이기 힘든 역사의 기록인 것만은 분명합니다. 그러나 이것을 외면하거나 역사 위조라고 몰아세워도 안 될 것입니다. 문제는 우리가 이를 통해서 고조선의 과거 강역의 지형도를 새롭게 그릴 수 있는 어떤 지혜를 얻는 것이 중요합니다.

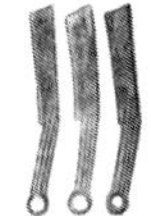

방절식 명도전의 연나라 화폐설

명도전의 탐색을 통해서 고조선의 지형도를 새롭게 그려볼 가능성을 찾은 것은 지난 해의 커다란 수확입니다. 계속해서 이번에도 장박천 교수의 논문을 살펴보도록 하겠습니다. 장박천 교수는 기본적으로 ♂ 문양은 기자조선의 명(明)자로, ☺ 문양은 연나라를 의미하는 언(匽, 燕)자로 파악하고 있습니다.

"1. 문자의 상형에서 음을 파악하는 것이다. ☺자는 눈썹 모양을 형상한 것이 분명하다. 상부의 ⌒은 눈썹이고 하부의 ☺은 사람의 눈[眼] 모양으로 독립적인 상형자이다. 미(眉)에서 음을 취해서는 안 되고, 안(眼)이 이 문자의 음을 나타내는 것으로 이해해야 한다.

안(眼)자는 『집운(集韻)』에 따르면 '어한절(語限切)'로 달리 또 '엽전절(葉伊甸切)'인데, 음은 연(宴)이다. 예를 들어 소철(蘇轍)의 설시(雪詩) '종승계장장훈안(終勝溪瘴長熏眼), 전의공자성고연(典衣共子成高讌)'과 같은데, 연(讌)은 오늘날 연(宴)으로, 연(宴)은 연(燕), 언(匽)과

독음이 서로 통한다. 亘은 그러므로 마땅히 안(眼, 伊甸切)에서 음을
취한 것이다.

2. 문자의 소속 관계로 음을 파악하는 것이다. 오늘날 일(日)자를
따르는 문자는 O이나 O인데 亘자는 예서로 亘라고 정할 수 있다.
문자의 상부는 한 일(一) 자이고, 하부는 亘이다. 亘자의 의미에는 두
가지가 있다. 예를 들어 回을 따라서 回이라고 하는데 음은 선(宣)
또는 환(桓)이다. 일(日)을 따라서 亘이라고도 하는데, 예서(隸書) 回
로 말미암아 亘으로 쓰는데, 두 자는 혼용한다.
   동북 호족계통에 속하는 민족인 오환(烏桓)은 달리 오연(烏延)이라
고 하는데 연(延)과 연(宴), 연(燕), 언(匽)과는 음이 가깝다. 오연은 그
민족 본음(本音)으로 문자는 亘(亘)을 따랐다. 생각건대 북방에서는
연(延)과 연(沿)의 음을 연(燕)과 같이 읽는데, 이 문자는 亘을 따라서
소리를 취한 것 같다.

3. 亘의 이체자에서 음을 파악하는 것이다. 『편해유편(篇海類編)』
에 亘자가 있는데, 음을 선(宣)으로 읽는다고 주(注)했는데, 바로 亘자
다. 그 필획이 亘과 유사하다. 다만 쓰는데 편리함을 위해 亘자의 상
부 가로획(一)을 일(日)자의 측면에 위치시켰다. 亘은 독음을 연(延)으
로 하는데, 이 자는 또 亘(亘)에서 성(聲)을 취한 것이다. 亘자는 亘자
의 이체자가 아닌가 한다."

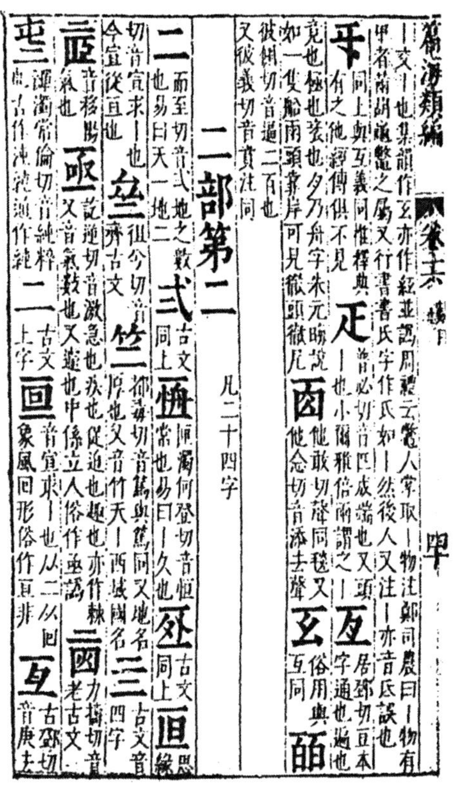

『篇海類編』

이상 세 가지 근거를 예를 들어 장박천 교수는 명도전에 나타난 ⊙ 문양이 전국 7웅의 하나였던 연나라의 국명을 뜻하는 연(燕)자임을 설명하고 있습니다.

"나는 ⊙ 문양을 명도전 표면에 나타난 언(匽)자의 다른 표기로 보는데, 독음은 물론 같다. 그러니까 ⊙ 문양은 명도전에서 미관(美觀)을 추구한 언(匽)자의 일종의 특수한 표기라고 보는 것이다. 결국 ⊙

문양은 명(明)자가 아니라 마땅히 언(匽)자이다. 만약 이 같은 추론이 틀리지 않다면 동북의 조선후국과 연나라는 모두 국명으로 명명한 화폐를 지니고 있던 셈이다.

匽 문양 방절식 도전은 시간적으로 볼 때, 연나라 소왕의 개혁으로 '연국은부(燕國殷富)'하여, 사회경제가 빠르게 발전하던 시기에 주조된 도전이다. 춘추에서 전국 초 연나라의 영토는 넓지 않았으며 중원제국과의 교류도 적었다. 북으로는 동호가 동으로는 '조선요동'이 있었다. 『사기·조선열전』에는 동으로 '진번 조선'이 있다고 기록하였다. 조선은 기자의 후예인 조선후국이며 그 활동 중심지는 요동에 있었고 진번은 조선의 동쪽에 위치하고 있었다.

연나라 중기 연이 강대해지자 북으로 동호를 물리치고 동으로는 조선을 정벌하여 요서, 요동, 진번지역을 점령하였다. 따라서 연소왕 이전의 고죽, 기, 조선을 연나라 영역으로 보는 것은 적절치 않다. 단지 연나라 영역 밖에서 연나라, 제나라와 '교류'를 했던 동북지방의 제후국이었다라고 말할 수 있을 뿐이다.

연소왕 개혁 이전, 사서에는 연나라의 화폐주조와 관련된 기록도 없고 또 연나라에 도전이 있다는 것을 설명할 수 있는 자료도 없다. 고고발굴이 증명하는 바에 의하면, 연하도에서 출토된 방절식 匽 도전이 바로 이때 주조된 것으로, 이러한 종류의 도전이 시간적으로 전국 중기에서 연나라 멸망까지라는 사실과도 완전히 부합된다. 이것이 그 하나이다."

우리로서 아쉬운 것은 한반도 서북한과 만주 일대에서 많이 출토되는 방절식 명도전이 고조선의 화폐가 아닌 연나라 소왕 때 동북으로 전파된 화폐로 결론이 모아지고 있다는 점입니다.

　그러나 여기서 우리가 주의할 것은 방절식 명도전의 국가 귀속 문제가 명자 문양의 해석에 있는 바 이는 어디까지나 중국 장박천 교수의 설명이며 따라서 문자 해석에 있어서 검토의 여지는 항상 있는 것입니다.

　다만 지금까지의 상황에서 우리가 연소왕 이전의 고조선 강역은 이제껏 식민사학에서 말하는 한반도 대동강 일대가 아닌 적어도 발해연안 요동일 가능성을 확인했다는 점만으로도 커다란 수확이라고 할 수 있을 것입니다. 뿐만 아니라 원절식 명도전이 기자조선의 화폐일 가능성도 검토했으므로 고조선에 대한 우리의 기존 관념을 바꾸어야할 때가 왔다고도 하겠습니다.

낙랑군 연구와 패수

얼마 전 한국 고대사의 미스터리 가운데 하나로 낙랑에 관한 것을 언급한 적이 있습니다. 마침 오영환 저, 『낙랑군 연구』(사계절, 2006)라는 저서가 나왔기에 소개를 하고 낙랑에 대한 이야기를 재론하고자 합니다.

낙랑군의 위치 비정에는 위만조선이 밀접하게 관련되어 있고 또 패수가 등장하기 때문에 더욱 주의를 요하는 대목입니다. 그런데 우선 보기에도 이 책에서는 패수에 대해 그다지 정밀한 검토를 하지 않았다는 인상을 받습니다.

저자는 위의 책 「2. 위만조선의 지배구조」라는 부분에서 『사기』와 『한서』의 내용을 인용하여 이런 주장을 하고 있습니다.

　　"『사기』 조선열전과 『한서』 조선전에 따르면 위만은 연(燕)나라 사람이고, 한 고조에 의해 연왕(燕王)으로 봉해진 노관(盧綰)의 부장(副將)이었는데, 여후(呂后) 때 노관이 흉노로 망명하자 조선으로 도망하여 패수(浿水) 이남에 정착했다고 전한다."(오영환, 『낙랑군 연구』, 사계절, 2006)

제가 너무 지나치게 지적하는 것인지는 모르나 "패수 이남"이라는 표현에는 다소 문제가 있습니다. 왜냐하면 "패수 이남"이라고 할 방위상의 어떤 분명한 근거가 나와 있지 않기 때문입니다.

『사기』와 『한서』의 기록만을 놓고 볼 때도 역시 "패수 이남"이라고 확정하기 어렵습니다. 『사기』 조선열전의 경우 패수(浿水)를 건너서[渡] 진고공지(秦故空地) 상하장(上下障)에 거(居)했다고 기록되어 나옵니다.

그러므로 패수의 방위에 대한 저자의 이해에 보다 정밀함이 뒤따라야 하겠습니다. 실제로 패수를 둘러싼 위만조선과 한의 전쟁을 보더라도 방위상 남북보다는 동서의 측면이 보다 두드러지게 나타나고 있습니다.

"조선 패수 서군" 운운하는 대목이 바로 그렇습니다. 패수가 동서로만 걸쳐 있는 강이라면 서군이라고 하기 어렵지 않나 생각합니다. 일정 부분 남북 방향으로 흐르던 유역이 있었던 것은 아닌가 유추해보게 됩니다.

또 일연의 『삼국유사』에도 "신찬이 말하기를 왕검성은 낙랑군 패수의 동쪽에 있다"는 언급이 보입니다. 이를 보더라도 패수의 위치를 두고 방위에 대해 보다 엄밀하게 고증할 필요가 있을 것입니다.

여하간 저자가 패수 이남을 위만의 정착지로 보았다는 점에서 검토가 필요하다는 것만 지적하고자 합니다. 더 큰 문제는 저자가 활용한 자료 중에 일제 때 일본학자들이 남긴 낙랑군 연구 등이 있다는 점도 부담이 된다는 것입니다.

그 시대 일제는 낙랑군을 비롯한 한사군을 대동강 중심으로 설명하였습니다. 요동 만주를 포함하여 고조선의 면적이 넓다고만 좋은 것은 아니겠으나 어떤 역사 왜곡 차원에서 일제에 의해 고조선의 강역이 침탈당했고 그 결과 영토가 한반도내로 축소되었다면 이는 바로잡아야 할 문제인 것입니다.

참고로 패수의 경우 바다로 들어가는 방향이 동인지 서인지 여전히 모호한 측면이 있습니다. 과거 역사가들도 이 문제를 놓고 고민한 흔적이 보입니다. 『수경주』의 경문(經文)에 "패수는 낙랑 누방현에서 나와서 동남쪽으로 임패현을 지나 '동쪽으로' 바다에 들어간다"고 하였습니다.

제가 참고한 "패수" 자료는 왕국유(王國維)의 『수경주교(水經注校)』(상해인민출판사, 1984)로 원영광, 유인생의 표점 정리로 나온 책인데, 이를 보면 경문(經文)에 마찬가지로 동남쪽으로 임패현을 지나 동으로 바다에 들어간다고 되어 있습니다.

낙랑의 위치 고증이 어렵다면 임패현의 위치를 확인하면 패수의 위치를 확정지을 수 있을지도 모릅니다. 그러고 보니 임패현이라는 명칭부터도 패수(浿水)에 이르다[臨]는 의미도 되니 퍽 흥미롭습니다. 물론 임패현을 고증하는 작업 또한 간단치만은 않을 것입니다.

북위 시대 유명한 지리학자인 역도원(酈道元)의 『수경주』 주문(注文)에는 경문(經文)과 달리 『지리지』를 인용하여 패수가 서쪽으로 바다에 들어가는 것으로 보아야 한다는 주장을 하고 있습니다.

역도원은 한고조 유방 시절의 '역이기'라는 사람처럼 성이 역씨인데, 역자는 려(麗) 자에다 우부방이 붙은 한자로 보통 '려'로 읽지만 성씨로는 '력'이라고 합니다. 역도원에 관한 다음 백과사전을 참고하면 이렇습니다.

> "역도원[酈道元, Li Taoyuan 466(?)~527] : 중국 북위(北魏 : 386~534) 때의 지리학자·산문가. 자는 선장(善長). 범양(范陽) 탁(지금의 허베이 성[河北省]) 쥐현 사람이다. 어사중위(御史中尉)·관우대사(關右大使)를 지냈다. 학문을 좋아하고 견문이 넓어서 각지의 많은 문헌을 모아 『수경주(水經注)』를 지었다. 이 책에서 『수경(水經)』에 나오는 1,000개의 물길의 원류 및 연안의 풍토와 경치에 관해 논술했으며, 아울러 『수경』의 오류를 바로잡았다. 문장은 간결하고 생동감이 있으며 의미심장한 뜻을 담고 있다. 경치를 묘사하는 수법은 후에 유종원(柳宗元) 등의 산수유기문(山水遊記文)에 영향을 주었다."

그렇다면 이 역도원이라는 사람은 패수에 대해 왜 이 같은 주를 단 것일까요? 이에 대해서는 역도원이 후대의 사람이라는 것에 주의해야 하는데 그가 주를 달기 이전의 기록인 『수경』의 저자 그리고 판본 상황 등에 대해서도 살펴볼 필요가 있습니다.

연나라 화폐의 동북 전파설

명도전이 중국 연나라 화폐가 아닌 고조선의 화폐라는 주장을 입증하기 위해서는 새로운 자료 발굴과 명자 문양에 대한 새로운 해석을 해야 하는데 이를 위해서는 갑골문을 비롯한 한국의 중국 문자학 전공자들의 참여가 바람직합니다.

장박천 교수의 논문에서 보았듯이 원절식 명도전은 기자조선의 화폐라는 것인데 이들 명도전의 근원에 대해서도 다양한 검토가 필요한 상황입니다. 또 방절식 명도전의 연나라 화폐설에 대해서도 우리가 여전히 의문을 제기할 필요는 있습니다. 그럼 계속해서 장박천 교수의 논문을 보겠습니다.

"방절식 ⊙ 도전은 산지가 연나라로 연하도를 중심으로 외부로 발전하였다. 이 화폐의 동북 전파는 연나라가 요동, 진번을 점령한 이후이다. 연나라 문화가 동북으로 전파된 이후 점차 동북에서 발전하고 우세를 점하게 되었지만 원래 조선후 문화가 여전히 동북에 잔존하고 있었다. 이로 인해 초기에는 ㅇ) 문양 도전과 ㆆ 문양 도전이 필연적으로 상호 공존하였다. 바로 이렇기 때문에 동북의 두 가지 종류의 도전을 연구할 때 근원 탐구가 상당히 중요한데, 근원 탐구에서 당시 역사의 실제 정황과 부합할 수 있고, 역사 해석 또한 정확한 인식에 도달하는 것 또한 중요하다. 역사는 발전 변화하는 것으로 동북 도전의 발생은 이 같은 발전 변화 과정상의 특정한 역사 단계로서 동북 도전에 대한 연구는 각종 역사 기록의 진위 판별과 분리될 수 없다.

후한 말 주석가들이 기자와 기자조선이 모두 낙랑에 있었다고 한 것은 역사 기록의 실제 정황과 부합하지 않으므로 나는 잘못된 주석이라고 생각한다. 비록 연구 중에 이 점에 주의하였으나 내 스스로 감히 옳다고 하기 어렵고 아직 연구가 더 필요하다. 이것이 그 둘이다."

장박천 교수는 방절식 명도전이 연나라의 조선 진번 점령 후 동북으로 전파된 화폐라는 것이 기본 입장입니다. 다만 그 와중에 원절식 명도전이 기자조선의 화폐라는 것과 오늘날 요하의 동서지역이 연나라의 침략 이전에는 기자조선의 영토였다는 것을 한말 주석가들의 낙랑조선설을 비판하며 주장한 것이 특기할 사항입니다.

또 하나 장박천 교수의 논문에서는 연나라의 조선 침략과 관련해서 요동에 대한 새로운 개념도 보여주고 있습니다. 요동을 반드시 오늘날 요하 동쪽으로만 이해해서는 안 된다는 견해입니다.

"연나라가 진번 조선을 점령한 것은 연나라 소왕이 조선을 정벌한 때의 사건으로 그 이전에 진번 조선은 연나라에 복속되지 않았다. 당시의 요동이라는 개념은 요수 이동만이 아니고 요수 이서의 일부지역을 포함하는 것이었다.

이것에 근거하여 『전국책』 「연책」에 기록된 '연의 동쪽에 조선요동이 있다(燕東有朝鮮遼東)'고 한 것은 연소왕의 조선 침략 이전이므로 조선 요동을 두 개의 지역명칭으로 이해해서는 안 된다. 조선은 국명으로 즉 조선후국이고 당시에 요동군이 아직 설치되지 않았으므로 요동은 지역명칭이다. 나중에 연나라가 진번 조선을 침략한 후에 조선이 나라를 잃고 망입해(亡入海)[낙랑]한 것이다. 진번국은 요동군 동쪽에 있었고 낙랑은 요동군의 동남에 있었다."

장박천 교수는 발해연안의 요동과 연나라의 요동군을 구분해야 한다고 주장하고 있습니다. 당시의 요동은 지역명칭의 개념이라는 것입니다. 다만 낙랑조선에 대해서 낙랑이 요동군의 동남에 위치했다고 보는 점은 우리로서는 다소 의문입니다.

"따라서 '조선요동'은 바로 조선이 요동이었음을 가리키는 것으로, 망입해(亡入海)한 이후의 낙랑조선을 가리키는 것으로 이해해서는 안 된다. 조선후국의 요동은 마찬가지로 연나라 요동으로 이해해서도 안 된다. 또한 연나라와 조선 두 나라가 관할하지 않았던 지역으로 이해해서도 안 된다. 더욱 '아직 망입해(亡入海) 하지 않은[未亡入海]'과 '이미 망입해(亡入海) 한[已亡入海]' 두 지역을 혼동해서도 안 된다."

장박천 교수는 기자와 기자조선이 낙랑에 있었다는 후한 말 주석가들의 견해가 착오임을 밝히고 그 같은 방증 자료의 중요한 유물의 하나로 연나라의 조선 정벌 때에 동북으로 전파된 방절식 명도전을 들고 있습니다.

나아가 장박천 교수의 중요한 주장의 하나는 앞에서도 거듭 확인했지만 연나라 소왕의 요동 침략 이전에는 요동의 주인이 바로 기자조선이라는 것입니다. 우리로서는 고조선의 강역을 요동으로 파악할 수 있는 중요한 근거를 확보한 셈입니다.

묵자와 전국시대

최근 한중일 삼국이 협력하여 제작한 영화 〈묵공〉이 국내에 소개되었다고 합니다. 국내에서는 배우 안성기 씨의 출연으로 관심을 끌고 있는데 이 영화의 배경이 우리가 다루는 명도전 시대와 비교적 가까워서 영화 내용과 무관하게 전국 시대 조나라에 대한 이야기를 하려고 합니다.

지금까지 방절식 명도전의 주조국으로 알려진 연나라는 바로 전국 7웅의 하나로 연나라 소왕 때 흥성하게 됩니다. 연나라 흥성의 비결은 '악의'편에서도 보았듯이 인재의 등용입니다.

연대소(燕臺김)라는 말도 바로 연나라 소왕이 대를 쌓고 어진이를 초청한 일에서 유래한 말이라고 합니다. 이처럼 연소왕의 부국강병책에 의해 연나라가 강성해지는데 장박천 교수에 의하면 바로 이때 방절식 명도전이 동북으로 전파되었다는 것입니다.

그런데 이 영화의 배경이 되는 조나라 역시 전국시대 연나라의 인근 국가로 화폐상으로 볼 때 도전 형태의 조도전(趙刀錢)과 포전 등을 사용하기도 했고 또 연소왕 때 등용된 '악의'라는 인물도 바로 조나라에 의해 망제군(望諸君)이라고 불리기도 했습니다.

대체로 원작인 만화 『묵공』에 의하면 사실이라기보다 픽션으로 구성된 작품이라고 하니 영화 〈묵공〉도 역사적 근거보다는 허구가 더 가미된 작품으로 보아야 할 것입니다.

그런데 여기 나오는 조나라는 『삼국지』의 배송지 주에 인용된 『위략』에도 등장하는데 우리 고대사와도 관련이 있습니다. 『위략』의 등장은 위만조선, 패수 등을 언급할 때 이미 소개된 바 있습니다.

진시황에 의한 통일 이후 20여 년 만에 진승, 항우 등에 의한 반진 봉기가 일어나자 그 과정에서 연, 제, 조나라의 백성들이 고조선의 준왕에게 도망왔다는 것입니다. 연, 제, 조는 대체로 중원에서 볼 때 동북에 위치한 나라이니 고조선과 가까운 지역입니다. 따라서 중국에 전란이 발생하면 상당수 백성들이 고조선 지역으로 이주를 했던 것입니다.

이 같은 현상은 후대에 황건적과 이각과 곽사의 난이라든가 군벌간 다툼 때에도 발생했던 것으로 보입니다. 『삼국사기』 고구려 본기 고국천왕 조에 "중국에서 큰 난리가 나니 한인들이 난을 피하여 의탁하는 자가 많았다. 이때는 한 헌제 건안 2년이었다."라고 하였습니다.

전국시대는 전국이라는 말 그대로 싸움의 시대요, 전쟁의 시대였습니다. 영화의 배경이 되는 조나라의 공성전도 무수한 전장의 한 단면을 포착한 것이라고 할 수 있습니다.

영화의 제목이 되는 묵공(墨攻)은 적극적인 수비를 이르는 말로 원래 묵자의 사상을 지키는 묵수(墨守)라는 말과 관련이 깊습니다. 오늘날 묵수하면 일반적으로 자신의 의견이나 주장 등을 굳건하게 지킨다는 의미로 널리 사용되기에 이르렀습니다.

국내 『한한대자전』 등에 의하면 '묵수'는 "송나라 묵적이 초나라 군사 공수반의 끈덕진 공격에 대해서 성을 굳게 잘 지켜 굴하지 아니한 고사. 전하여 자신의 의견을 굳게 지킴을 이름. 묵적지수(墨翟之守)"라고 풀이하였습니다.

여기서 흥미로운 것은 이 묵자라는 사람입니다. 흔히 그의 사상은 겸애설로 이야기되는 데 묵자의 성인 묵씨들이 모두 고죽군의 후예로 원래 묵이씨에서 묵씨로 되었다는 것입니다.

기세춘 역저의 『묵자 천하에 남이란 없다』(나루, 1992)라는 책을 보면 묵자라는 인물에 대해 몇 가지 설을 소개하고 있는데 묵씨가 고죽군의 후예라는 것은 송대 정초의 「통지」에 인용된 당의 『원화성찬(元和姓纂)』에 따른 것입니다.

묵자의 겸애설은 유명하니 그의 주장을 함께 감상하는 것도 좋겠습니다. 더러 예수의 '네 이웃을 네 몸처럼 사랑하라'는 말씀이 자연스럽게 연상되는 바가 있습니다.

"묵자께서는 남의 나라 보기를 제 나라 보기같이 하고, 남의 집안 보기를 제 집안일같이 보고, 남 보기를 제 몸같이 보라고 하셨습니다. 이렇게 하면 제후들은 서로 사랑하여 싸우지 않을 것이며 대부들은 서로 사랑하여 빼앗지 않을 것이며 사람들은 서로 사랑하여 서로 해치고 도적질하지 않을 것이다."

묵자는 세상의 재앙과 원망 등은 모두 서로 사랑하지 않는 데서 생겨난다고 하면서 어진 사람은 평등한 사랑을 칭송한다고 하였습니다. 그리하여 그는 전쟁을 강력하게 비난하였습니다.

"군대라는 것은 서로에게 이익되는 것이 없다. 국가는 제 본분을 잃고 백성은 생업을 잃는다. 전쟁은 백성에게 이롭지 않고 천하에 해만 큰 것이다. 그러므로 전쟁을 즐기는 것은 천하 인민을 해치고 멸망시키는 것을 즐기는 일과 같은 것이다."(기세춘 역저, 『묵자 천하에 남이란 없다』)

묵자는 또 실제로 방어전술과 방어무기를 연구 개발하여 침략당하는 나라를 돕기도 했고 정의를 무기로 반전운동을 했던 사상가이기도 했습니다. 이번에 영화 〈묵공〉을 통해서 묵자의 평화 메시지가 간접적으로라도 널리 알려지는 계기가 되었으면 좋겠습니다.

마지막으로 비록 영화이기는 하지만 동아시아 삼국이 협력하여 제작한 것처럼 정치 경제 나아가 역사 분야에서도 한중일 삼국이 협력

하는 시대가 되었으면 하는 바람이 있습니다. 특히나 중국의 동북공정
과 일본의 독도논쟁으로 상처를 받는 우리에게 있어서는 더욱 그렇습
니다.

장박천 교수

『中國의 高句麗 研究』(백산자료원, 2006)라는 저서를 보면 장박천 교수에 대한 간단한 약력이 나와 있습니다. 그것을 살펴보면 "장박천(張博泉) 1926년 출생 2000년에 작고. 자(字) 재청(在淸), 호 동량(東梁), 만주족, 요녕요양인, 길림대학 역사학계 교수, 중국원호문학회부회장"이라고 되어 있습니다.

특이한 것은 중국인이지만 한족이 아닌 만주족으로 요녕성 요양 출신으로, 자(字)에 청(淸) 자가 들어가고 호(號)를 동량이라고 한 것을 보면 청나라 만주족의 후예라는 의식이 강하게 담겨 있는 것을 알 수 있습니다. 아마 그런 그였기에 동북사에 대한 연구가 남달랐던 것으로 보입니다.

그동안 장박천 교수의 논문을 소개하면서 기자조선, 명도전, 원절식, 방절식 등과 같은 용어에 익숙해졌으리라 생각되지만 우리 학계에 그다지 알려지지 않은 부분도 있어서 다소 생소한 구석도 있을 것입니다.

특히 원절식 명도전이 기자조선의 화폐라는 것은 장박천 교수의 논문 가운데 백미에 해당하는 것인데 비록 은나라 유민의 동북 영향설을 주장하려는 측면이 강하지만 우리로서는 상당히 반가운 내용이 아닐 수 없습니다. 이번에 그의 논문 가운데 마지막 부분을 다루게 됩니다.

"기자와 기자조선에 대한 나의 연구는 『사기』 『한서』 『위략』 『박물지』의 기록을 상호 비교 검토한 뒤에 입론(立論)한 것이다. 그러므로 기자와 기자조선이 낙랑에 있었다는 후한 말 주석가들의 주장을 취하지 않고 달리 연구의 길을 찾은 것이다. 어떤 사람은 나의 연구가 기괴하여 '족히 근거할 것이 못 된다'고 질책하는데 이 문제에 대한 나의 연구가 정확한지 그렇지 않은지의 여부는 '오로지 옛날 사람들의 학설을 추종함에 있는 것도 아니며 또 근래 학자 다수의 학설을 추종함에 있는 것도 아니다.' 나는 고인들 주석의 '기(奇)'를 떠나서 내 나름대로 옛 문헌에서 내 연구의 길을 모색하였다. 만약에 이것을 기괴하다고 한다면 수용할 의향이 내게는 있다. 또 '족히 근거할 것이 못 된다'는 것에 대해서 이 같은 부류의 연구가 아직 시작 단계라 전반적이고 체계적인 어떤 견해가 도출되지 않아서 '족히 근거할 것이 못 된다'라고 한다면 나 역시 받아들일 수 있다."

장박천 교수가 주장하는 학설에 대해서 중국에서도 학자들의 반발과 비판이 상당히 있었던 것으로 보입니다. 항상 새로운 학설을 내면

찬반이 갈라져서 논쟁이 이는 것도 사실입니다. 국내에서도 과거 윤내현 교수의 고조선 학설이 그 좋은 예입니다.

"어떤 근거를 채택한 연구이든간에 연나라 문화가 동북으로 전파되어 동북지역이 원래의 후백국(侯伯國)에서 발전하여 군현(郡縣)이 되고 동북의 남부가 '봉건(封建)'의 신시대로 진입하게 되었다는 점에서는 인식을 같이 하고 있다. 화폐제도로 말하자면 첨수도가 있었고 원절식 도전이 계승하여 최후에 방절식 도전이 출현했다는 것으로 이 역시 견해를 같이 하고 있다. 다만 어느 나라에 속하느냐 하는 것에는 여전히 견해 차이가 있다. 문제는 앞으로 더 연구 개척해서 사서 기록의 사실 가운데서 옳고 그름을 판단해야 할 것이다. 기자조선에 대한 연구도 마땅히 이와 같아야 한다. 이것이 그 셋이다. 나는 화폐에 대해 평소 연구가 없었다. 근년에 퇴임 후 여가를 이용하여 동북에서의 은나라 사람과 은나라 유민의 분산된 기록을 정리하여 이 문제를 거론하고 논문을 작성했는데, '별설이의(別說異議)'의 부류에 속하는 것이다."

장박천 교수의 논문은 여기서 모두 끝이 납니다. 내용에서 보았듯이 장박천 교수는 기본적으로 연나라 문화가 동북으로 전파되었다는 것을 강조하고 있습니다. 이것은 중국학자의 입장으로서는 어쩔 수 없는 일이기도 합니다.

여하간 우리로서는 중국학자가 원절식 명도전이 기자조선의 화폐라는 것을 주장한 논문을 입수해서 함께 읽었다는 것만으로도 큰 수확을 거두었으며 앞으로 고조선 연구자들이 이 방면에 보다 관심을 갖고 연구해주었으면 하는 희망을 품게 됩니다.

이 논문은 [實習責任編輯 校對 王孝華]라고 한 것으로 보아 왕효화라는 사람이 실습책임편집일을 하며 원고를 교정 대조한 것으로 보입니다. 편집후기에는 장박천 교수에 대한 소개가 등장합니다.

"장박천 선생은 중국의 유명한 동북지방사와 요금사의 전문가이다. 일찌기 『중화일체의 역사적 궤적[中華一體的歷史軌迹]』『금대경제사략(金代經濟史略)』『동북지방사고(東北地方史稿)』 등 20여 권의 저서와 근 200여 편의 논문을 발표하였다. 선생은 동북지방사와 요금사 영역에서 공적이 상당하여 감히 일가를 이루었다고 할 수 있다. 뿐만 아니라 "중화일체"를 핵심으로 하는 학술사상체계도 구축하여 학술계에 중요한 영향을 끼쳤다. 이 논문은 선생의 유고(遺稿)인데 이 글 역시 마찬가지로 선생이 학술연구에서 늘상 견지하는 탐색(探索), 창신(創新), 입신(立新)의 연구 풍격이 잘 드러나 있다."

오늘로 장박천 교수의 논문을 번역 해설하는 작업은 모두 마치게 됩니다. 그러나 장박천 교수의 논문은 「고조선의 화폐와 명도전의 비밀」이라는 일련의 작업 가운데 하나이므로 앞으로 「명도전(明刀錢)과 일월도전(日月刀錢)」이라는 새로운 영역을 검토하여 고조선 연구의 새로운 돌파구를 마련하고자 합니다.

고조선의 화폐와 명도전의 비밀 [후기]

　이상 40강에 걸쳐서 고조선의 화폐와 명도전의 비밀이라는 주제로 중국 장박천 교수의 논문을 살펴보았습니다. 이 글을 마친 뒤 새로운 논저들이 많이 나왔고 또 국내에는 명도전의 문양을 고조선의 문자로 파악한 『고조선 문자』(경진)라는 저술도 나왔습니다. 예를 들어 본문 가운데 80페이지의 "국명 부분을 '해'라 확신하다"는 대목에서 3)을 보면 다음과 같은 내용이 나옵니다.

　　"고대 한글로 명도전의 눈 모양을 해독한다면 이렇습니다. ㅇ은 ㅇ이고 위에 둥근 선 두 개는 바로 한글 'ㅎ'을 나타낸다고 보며, 아래 수평선(혹은 /)은 해를 나타낸다고 봅니다. 명도전의 명明 문양은 상형한자로 보면 명明이고, 고대 한글로 보면 '해'입니다."

　저는 이 분야 전문가가 아니라서 이 책의 참과 거짓 그리고 진정한 가치를 평가하기는 어렵습니다. 또 이들이 문자인지 아니면 단지 수량을 나타내는 단위의 기록인지 등도 잘 모르겠습니다. 앞으로 이들이 보다 엄밀하게 연구되면 좋겠습니다.

　다만 중국에서도 이미 선진시대 화폐문자에 대해 상당한 연구가 있었으니 이들을 토대로 한걸음 더 나아간 결과가 도출되면 좋을 것입니다. 허심하게 말하면 이 분야에 뛰어난 연구자들이 많이 나와서 우리 상고시대의 문자에 대해 명확한 결론이 내려지면 좋겠다는 생각을 해 봅니다.

| 저자 약력 |

송강호宋康鎬

고려대학교 중문과

논문
「박태원『삼국지』의 판본과 번역 연구」
「만문삼국지『ilan gurun i bithe』역주」
「『삼역총해』의 한글 번역과 판본학적 고찰」

평론
「『삼국지』 번역비평의 오해와 진실」

고조선의 화폐와 명도전의 비밀

초판 인쇄 ｜ 2012년 8월 13일
초판 발행 ｜ 2012년 8월 23일

저　　자　송강호

책임편집　김민경, 윤예미
표　　지　윤예미

발 행 처　도서출판 지식과교양
등　　록　제2010-19호
주　　소　132-908 서울시 도봉구 창5동 262-3번지
전　　화　02-900-4520 / 02-900-4521
팩　　스　02-900-1541
전자우편　kncbook@hanmail.net

ⓒ 송강호 2012 All rights reserved. Printed in KOREA

ISBN　978-89-94955-96-4　93910　　　　　　　　　　　**정가**　15,000원

저자와 협의하여 인지는 생략합니다. 잘못된 책은 바꾸어 드립니다.
이 책의 무단 전재나 복제 행위는 저작권법 제98조에 따라 처벌 받게 됩니다.

이 도서의 국립중앙도서관 출판도서목록(CIP)은 e－CIP홈페이지(http://www.nl.go.kr/ecip)에서
이용하실 수 있습니다. (CIP제어번호: CIP2012003658)